L'ÉCLAIRAGE PUBLIC

A PARIS

Par R. BOUTTEVILLE

Ingénieur des Ponts et Chaussées.

PARIS

LIBRAIRIE DE L'ENSEIGNEMENT TECHNIQUE

Léon EYROLLES, Éditeur

3, Rue Thénard

1925

ENCYCLOPÉDIE INDUSTRIELLE ET COMMERCIALE

Fondateur : M. Léon EYROLLES, C. ✳, O I.

Ingénieur-Directeur de l'École spéciale des Travaux publics, du Bâtiment et de l'Industrie.

EXTRAIT DU CATALOGUE GÉNÉRAL DE LA LIBRAIRIE DE L'ENSEIGNEMENT TECHNIQUE

ORGANISATION ADMINISTRATIVE ET INDUSTRIELLE

JULHIET. — **Cours de finance et comptabilité dans l'industrie** (*Comptabilité. Banques. Sociétés. Assurances. Bourses*) (4e édition, 526 pages).
Prix : broché. **30 fr.**
relié. **34 fr.**

JAYOT. — **Cours de comptabilité commerciale appliquée aux Entreprises de Travaux publics** (7e édition, 229 pages).
Prix. **15 fr.**

THIBAULT. — **Cours de Douane*** (124 pages).
Prix. **8 fr.**

RENÉ BRUNET. — **Cours de Transports*** (*terrestres, fluviaux et aériens*).
328 pages. Prix. **20 fr.**

BENEZECH. — **Organisation générale d'une entreprise de Travaux publics*** (8e édition, 216 pages, 14 figures et 3 planches).
Prix. **15 fr.**

GEORGIN. — **Cours de Rédaction des Rapports*** (13e édition, 347 pages).
Prix. **18 fr.**

HOURST. — **Cours de commerce industriel*** (3e édition, 430 pages).
Prix. **24 fr.**

BÉTON ARMÉ

ESPITALLIER. — **Précis pour le Calcul des ouvrages en béton armé** (3e édition, 246 pages, 112 figures.)
Prix : broché. **15 fr.**
relié. **19 fr.**

ESPITALLIER. — **Cours de Béton armé.**
LIVRE I. — Procédés généraux de Construction et Calcul des ouvrages (9e édition, 328 pages, 162 figures, 2 planches et annexe instruction ministérielle du 20 octobre 1906.
Prix : broché. **22 fr.**
relié. **26 fr.**
Les 2 volumes ensemble : broché. **46 fr.**
relié. **54 fr.**
LIVRE II. — Compléments et applications (9e édition, 448 pages, 228 figures, 2 planches.
Prix : broché. **26 fr.**
relié. **30 fr.**

RÉSISTANCE DES MATÉRIAUX

LAGÈRE, REGIMBAL. — **Cours de Résistance des Matériaux et de Stabilité des Constructions.** — (Cours de M. MATHIEU entièrement refondu) (8e édition).
LIVRE I. — Résistance des matériaux. Stabilité des constructions : systèmes isostatiques (468 pages, 395 figures).
Prix. **35 fr.**

LIVRE II. — Poutres droites hyperstatiques (381 pages) 299 figures, 5 planches).
Prix. **30 fr.**
LIVRE III. — Poutres en arc. Maçonneries en béton armé (368 pages, 236 figures).
Prix. **30 fr.**

DEVEDEC. — **Calcul des enveloppes de révolution** avec application aux réservoirs en béton armé et métalliques (80 pages, 34 figures.)
Prix. **6 fr.**

BAYLE. — **Cours de statique graphique** (2e édition, 164 pages et 120 figures)
Prix. **15 fr.**

— **Cours de résistance des matériaux appliquée aux machines** (4e édition, 468 pages, 363 figures).
Prix. **36 fr.**

MÉCANIQUE APPLIQUÉE. MACHINES AUTOMOBILE. AVIATION

LOUIS LACOUIN. — **Cours de thermodynamique et de théorie des moteurs** (2e édition, 208 pages, 60 figures).
Prix. **18 fr.**

— **Construction et réglage des moteurs à explosion** appliqués à l'automobile et à l'aviation (8e édition, 504 pages, 221 figures).
Prix. **25 fr.**

RIDET. — **Cours d'automobile.**
LIVRE I. — Moteurs (4e édition, 304 pages).
Prix. **24 fr.**
LIVRE II. — Voitures (*en impression*).

ESPITALLIER. — **Cours d'aviation*. Appareils d'aviation et propulseurs.** (2e édition, 376 pages, 169 figures, 1 planche hors texte).
Prix. **12 fr.**

MARCOTTE. — **Les moteurs d'aéronautique** (264 pages, 116 figures).
Prix. **24 fr.**

E. HENRY. — **Cours de locomotives** (358 pages, 14 figures).
Prix. **25 fr.**

ÉLECTRICITÉ INDUSTRIELLE

HARDY. — **Cours pratique d'électricité théorique et industrielle*.**
LIVRE I. — Notions d'électricité théorique (272 pages, 208 figures).
Prix. **15 fr.**
LIVRE II. — Applications générales du courant continu (244 pages, 248 figures).
Prix. **15 fr.**
LIVRE III. — Courant alternatif. Applications industrielles. T. S. F. (290 pages, 322 figures).
Prix. **20 fr.**

L'ÉCLAIRAGE PUBLIC

A PARIS

L'ÉCLAIRAGE PUBLIC A PARIS

Par R. BOUTTEVILLE

Ingénieur des Ponts et Chaussées.

PARIS

LIBRAIRIE DE L'ENSEIGNEMENT TECHNIQUE

Léon EYROLLES, Éditeur

3, Rue Thénard

1925

L'ÉCLAIRAGE PUBLIC A PARIS[1]

I

HISTORIQUE SOMMAIRE DE L'ÉCLAIRAGE PUBLIC A PARIS

Dans la très intéressante conférence qu'il vous a faite le 6 janvier dernier, M. l'Inspecteur général adjoint Girard a évoqué, de la manière la plus vivante et la plus pittoresque, la longue suite de tribulations par lesquelles a passé le Service du Nettoiement, avant de devenir le puissant organisme dont la Ville de Paris peut, à bon droit, s'enorgueillir aujourd'hui.

Le Service de l'Éclairage ne s'est constitué, lui aussi, qu'à une époque relativement récente. Il semble bien, cependant, que l'on ait songé à éclairer les rues des villes avant de se préoccuper de les débarrasser régulièrement des immondices qui s'y accumulaient. Mais l'idée fit lentement son chemin et ne prit véritablement corps qu'après bien des essais infructueux et des tentatives avortées. Les moyens dont les Parisiens d'autrefois se contentaient, pour se soustraire à l'obscurité nocturne, nous apparaissent aujourd'hui comme très rudimentaires. Je ne crois pas cependant qu'il soit sans intérêt d'en retracer la lente évolution, ce retour sur le passé devant mettre en lumière les immenses progrès réalisés dans l'art de l'éclairage, et dont les Parisiens d'aujourd'hui sont les heureux bénéficiaires.

Le moyen âge. — Le Paris du moyen âge, dans lequel nous allons nous transporter par la pensée, se prêtait fort mal à la déambulation nocturne. Les rues étaient étroites et tortueuses, et la circulation y était rendue fort dangereuse, en l'absence d'éclairage,

---

1. Conférence faite le 10 avril 1923 à la Société des Ingénieurs des Travaux publics de la Ville de Paris.

par les irrégularités du sol et par les saillies de toutes sortes qui empiétaient sur la voie publique.

L'activité des Parisiens était d'ailleurs sous la dépendance étroite des saisons. On se levait au jour et l'on soupait à quatre heures. Passé le couvre-feu, qui sonnait à huit ou neuf heures, suivant les saisons, les rues devenaient peu sûres et le passant attardé était exposé à être assailli et dévalisé par les « mauvais garçons » dont l'obscurité favorisait la coupable industrie. L'éclairage public faisait complètement défaut : les quelques lueurs qui brillaient dans la nuit étaient les flammes vacillantes entretenues par la piété des habitants devant les madones ou images votives placées à l'angle de certains carrefours. Par contre, il existait déjà une police : le « guet royal », organisé milieu du xiiie siècle, comprenait quarante archers sous les ordres du chevalier du guet, popularisé par la chanson :

> C'est le chevalier du guet,
> Compagnons de la marjolaine,
> C'est le chevalier du guet,
> Gai, gai, dessus le quai.

Le chevalier du guet possédait de nombreuses prérogatives, notamment celle de rentrer à toute heure chez le Roi, « même en bottes », pour lui rendre compte de ce qui se passait en ville et prendre les ordres « de la propre bouche royale ». Il procédait en personne à des rondes nocturnes, encadré par ses archers, à travers le dédale des rues endormies. Les allées et venues de cette troupe nombreuse et bruyante — n'imagina-t-on pas, au début du xve siècle, de faire précéder le guet de « cinq ménestriers jouant de haults instruments » ? — n'étaient évidemment pas sans gêner quelque peu les malandrins, qui reprenaient cependant le cours de leurs exploits dès que le chevalier du guet, pénétré du sentiment du devoir accompli, avait regagné sa résidence proche du Grand Châtelet.

En dehors du guet royal, il existait le « guet des mestiers » ou « guet assis », institué par Louis IX, en décembre 1254, à la demande des bourgeois, « pour la sécurité de leurs corps, de leurs biens et de leurs marchandises ; pour remédier aux périls, aux maux et accidents qui survenaient toutes les nuits dans la Ville, par vols, larcins, violences, ravissements de femmes et enlèvements de meubles par les locataires, etc... ». Ce guet assis, composé de gens des corporations, répartis en trois, puis en sept postes, devait prêter main-forte au guet royal, à première réquisition. En fait, les miliciens d'occasion qui constituaient le « guet assis » s'abstenaient prudemment de s'éloigner de leurs corps de garde, dont ils ne sortaient qu'au petit jour, plus morts que vifs, pour se hâter vers leurs logis.

Premières tentatives d'éclairage des voies publiques. — Cette organisation, assez primitive, était à peu près impuissante à réprimer et encore moins à prévenir les meurtres et les attentats de toutes sortes qui étaient devenus si fréquents, au cœur même de Paris, que le roi Philippe V le Long, par une ordonnance enregistrée au mois de janvier de l'an 1318, enjoignit au greffier du Châtelet de veiller « à ce qu'une chandelle fût entretenue pendant la nuit, auprès de la porte du palais de ce tribunal, afin de déjouer les entreprises des malfaiteurs ».

On s'étonne à penser que six siècles seulement nous séparent du temps où l'éclairage public de Paris était réduit à cette unique et fumeuse chandelle dont une lanterne à carcasse de bois, garnie de vessie de porc, protégeait la flamme vacillante contre les assauts du vent.

Cette situation très défectueuse subsista sans changement notable pendant plus de deux cents ans ; aussi les rues restèrent-elles fort peu sûres, dès la nuit tombée. Comme l'excès même du mal engendre parfois le bien, on vit s'établir quelques-uns de ces ex-voto que le prêtre enjoignait au criminel repentant d'élever au lieu même de son crime : ces images pieuses étaient, le plus souvent, éclairées pendant la nuit et leur présence contribuait à éviter le retour des attentats dont elles perpétuaient le souvenir. La plupart des rues restaient cependant sans aucun éclairage, encore que certaines appellations fallacieuses, telles que « Rue de la Lanterne en la Cité », « Rue de la Lanterne des Arcis », « Rue de la Vieille Lanterne », aient pu faire croire à l'existence d'un luminaire ; mais les seules lanternes que l'on y pût rencontrer étaient peintes et servaient d'enseignes à quelques maisons.

C'est de cette époque (fin du XIVe siècle) que date la création d'un fanal à la Tour de Nesle. Ce fanal, que l'on allumait tous les soirs pour indiquer aux mariniers l'entrée de Paris, fut le second

appareil d'éclairage public qui fonctionna régulièrement (fig. 1) ;
il subsista jusqu'au XVIIe siècle [1].

L'absence de moyens d'éclairage réguliers qui maintenait dans
la Ville, en tout temps, un très fâcheux état d'insécurité, présentait
des inconvénients particulièrement graves en période de troubles
où il était nécessaire de redoubler de surveillance. Aussi -avait-il
été prescrit aux Parisiens, à deux ou trois reprises, dans le cours
du XVe siècle, de mettre des « flambeaux ardents » aux fenêtres de
leurs maisons, et de faire de grands feux aux carrefours. Il s'agissait

Fig. 1. — Le fanal de la Tour de Nesle.

là de mesures exceptionnelles et temporaires qui prenaient fin
dès que l'ordre était à peu près rétabli. On y revint en 1524, au
moment des troubles qui suivirent les revers des armées royales.
Des bandes d'incendiaires, que l'on soupçonnait d'opérer à l'insti-
gation du Connétable de Bourbon, s'étaient abattues sur plusieurs
villes du royaume ; la ville de Meaux avait été en partie détruite.
On craignait fort que Paris n'eût à souffrir d'excès semblables
dont l'éventualité était particulièrement redoutable dans une ville
aux rues étroites, en un temps où le bois rentrait pour la plus large
part dans la construction des maisons. Un arrêt du Parlement
prescrivit alors certaines mesures de précaution. « Alors fut crié
à son de trompe par les carrefours de Paris, le samedy quatriesme
Juin et le mardi septieme dudict moys, par la Cour du Parlement,

1. La Tour de Nesle fut démolie en 1663. Elle était située à l'emplacement du
Pavillon Est de l'Institut (Bibliothèque Mazarin).

que chacun allast au guet de nuict et qu'on mît des chandelles allumées dedans les lanternes devant les huis de nuict, depuis neuf heures et de l'eau dedans leurs vaisseaux devant leurs huys par jour [1] ».

Un calme relatif régna pendant quelques mois, après que trois des incendiaires de Meaux eurent été brûlés vifs sur la place Maubert. Aussi les Parisiens, qui avaient accueilli l'arrêt du Parlement avec assez de mauvaise grâce, cessèrent-ils bientôt d'allumer leurs chandelles. Ils durent s'y résoudre à nouveau, dès l'année suivante, à la suite de la défaite de Pavie, qui marqua le début des exploits d'une bande de brigands connus sous le nom de « mauvais garçons », et qui terrorisèrent Paris jusqu'à la fin de la captivité de François Ier. Aussi le Parlement renouvela-t-il son ordonnance à trois reprises, au cours des deux années 1525 et 1526, enjoignant que « en chacune maison y eust lanternes et chandelles ardentes comme il fut fait l'an passé pour éviter aux dangers des mauvais garçons qui courent la nuict par cette ville ». Cette insistance du Parlement témoigne, avec évidence, de la mauvaise volonté que mettaient les Parisiens à s'acquitter des obligations qui leur incombaient, en matière d'éclairage, et qui constituaient une lourde charge pour eux.

L'ordre se rétablit au retour du Roi qui renforça le guet en donnant pouvoir au Prévôt de Paris, par lettre patente du 7 mai 1526, « de commettre un Lieutenant lay, de robe courte, vertueux et expérimenté au fait des armes, et vingt archers, pour visiter chaque nuit les rues, carrefours, tavernes, cabarets et maisons de débauche où ont habitué de se retirer les vagabonds, joueurs de cartes et de dés, quilles et autres jeux desfendus, blasphémateurs, ruffiens, mendiants valides et gens qui seraient trouvés en flagrant délit, pour les prendre et les mener dans les prisons du Châtelet, afin que leur procès fût fait par le Prévôt de Paris et son Lieutenant Criminel ».

En dépit de ces mesures, les brigandages nocturnes se perpétuèrent. Les prescriptions édictées en matière d'éclairage tombèrent d'ailleurs à nouveau en désuétude. L'ordonnance de 1524 fut cependant rééditée à nouveau en 1553, à la suite de l'affichage de placards séditieux « tendant à esmotion et mutinerie populaire. » Il est vraisemblable que les Parisiens opposèrent une fois de plus

---

1. *Journal d'un bourgeois de Paris pendant le règne de François Ier.*

la force d'inertie aux injonctions du Parlement, qui dut revenir à la charge. Un nouvel arrêt du 29 octobre 1558 substituait à l'éclairage particulier qui, en fait, était devenu facultatif, un régime infiniment plus rationnel : « Plus ordonnons la dite chambre que, au lieu des lanternes que l'on a ordonné aux dits habitants mettre aux fenêtres tant en cette dicte ville que fauxbourgs, s'y aura au coin de chaque rue ou autres lieux, pour commode, un falot ardent depuis dix heures du soir jusqu'à quatre heures du matin et où les dictes rues seront si longues que le dict falot ne puisse éclairer d'un bout à l'autre en sera mis un au milieu desdictes rues et plus, souvent la grandeur d'icelles, le tout à telle distance qu'il sera requis et par l'avis des commissaires quarteniers, dizainiers de chacun quartier, appelés avec eux deux bourgeois notables de chacune rue pour adviser aux frais desdicts falots. » Quelques jours plus tard, un nouvel arrêt prescrivait de substituer aux falots, simples pots à feu remplis de résine ou autres matières combustibles, des « lanternes ardentes et allumantes » pourvues de chandelles.

Cette réglementation eût constitué un progrès très sensible sur le régime antérieur si elle avait été suivie d'un plein effet. Il n'en fut malheureusement pas ainsi, « tant par la nécessité des temps que la pauvreté des manans et habitans » qui avaient à supporter la dépense. Il fallait 1. 500 lanternes pour éclairer convenablement les quelque 500 rues qui constituaient alors Paris. Ce matériel fut commandé et mis en fabrication par les lanterniers, mais il fut impossible d'en acquitter intégralement le prix. On dut se résoudre, pour dédommager la corporation des lanterniers, à vendre aux enchères « les matières desdites lanternes, potences pour icelles asseoir et pendre et aultres choses à ce nécessaires qui n'avoient esté mises en œuvre ».

Il subsista peu de chose de l'organisation instaurée par l'édit de 1558. Les troubles de la Ligue et deux nouvelles ordonnances, l'une de 1578 et la seconde de 1594 [1], vinrent secouer à nouveau l'apathie des Parisiens. On se rendit compte, peu à peu, des services rendus par l'éclairage public, qui demeura cependant très imparfait.

---

1. L'ordonnance de police du 30 septembre 1594 prescrivit « d'establir des lanternes dans chaque dizaine ou section de quartier » et de procéder à l'élection des notables chargés d'assurer l'exécution des mesures et de pourvoir à la dépense.

Le XVIIᵉ siècle. — Au début du xviiᵉ siècle, il existait cependant quelques lanternes dans les rues les plus importantes, et les corporations assumaient à tour de rôle la charge de leur entretien. Le matériel en usage s'était perfectionné : les lanternes avaient désormais des parois de verre, ainsi qu'en témoigne un acte notarié du 8 octobre 1599 [1] qui se rapportait à la vente de « cinq lanternes de verre, bonnes et bien jointes », destinées à l'éclairage du quartier de la place Maubert.

A cette époque, le genre de vie des Parisiens s'était sensiblement modifié et l'on circulait plus fréquemment après la tombée de la nuit. L'éclairage public étant limité à un petit nombre de voies, les gens riches se faisaient accompagner par des laquais portant des torches, les bourgeois s'en allaient portant à la main une lanterne ou une chandelle entourée d'un cornet, les manans rasaient les murailles et trébuchaient dans les fondrières. Il ne faisait d'ailleurs pas bon de regagner son logis à une heure trop tardive, si l'on tenait à l'intégrité de sa personne ou seulement à la conservation de sa bourse. Un mémoire du temps mentionne « que les archers qui devraient empêcher le désordre, au lieu d'y prendre garde, s'endorment et s'assoupissent sur la venaison ». Le brigandage nocturne continua à sévir pendant toute la durée du règne de Louis XIII ; il ne fit que s'aggraver pendant la Fronde.

Dès qu'il eut pris le pouvoir, Louis XIV se préoccupa de mettre fin à l'état d'insécurité qui régnait la nuit dans Paris et dont l'insuffisance de l'éclairage public était la cause principale. Une première amélioration consista dans la création d'un service public de porte-flambeaux et porte-lanternes à louage concédé à un abbé napolitain du nom de Laudati Caraffa par lettres patentes du 26 août 1662 :

« Les vols, meurtres et accidents qui arrivent journellement en

---

1. Cf. H. Havard, *Dictionnaire de l'Ameublement.*
« Jehan Destoile, maistre victrier à Paris demeurant rue Sainte-Geneviefve, paroisse Saint-Estienne-du-Mont, confesse avoir vendu et promect fournir et livrer aux jours de festes de Saint-Simon et Saint-Jude, prochainement venant, à Noël Berteau, maistre tailleur d'habitz à Paris, commis à faire mectre les lanternes et chandeliers du cartier de la Place Maubert, de la dizaine du Garnier, à ce point cinq lanternes de verres bonnes et bien jointes, telles que l'on a acoustumé d'en bailler audit cartier, ceste vente et promesse faicte moyennant la somme de cinq escuz d'or soleil que ledict Berteau a promis, sera tenu promect et gaige baillier à Paris audict Destoile ou au porteur, audit jour feste Saint-Simon et Saint-Jude... »

nostre bonne ville de Paris, faute de clarté suffisante dans les rues, et d'ailleurs la plupart des bourgeois et gens d'affaires n'ayant pas les moyens d'entretenir des valets pour se faire éclairer la nuict, pour vaquer à leurs affaires, n'osant pour lors se hazarder d'aller et venir par les rues et sur ce que nostre cher et bien-aimé le sieur Laudati Caraffa nous a fait entendre que, pour la commodité publique, il serait nécessaire d'establir en nostre ville et fauxbourgs de Paris et aultres villes de nostre royaume des porte-lanternes et porte-flambeaux pour conduire et éclairer ceux qui voudront aller et venir par les rues... En conséquence, scavoir fesons que pour ces causes et aultres particulières considérations avons, par ces présentes, au dit sieur abbé Laudati Caraffa à l'exclusion de touts aultres, accordé et accordons le pouvoir, faculté, permission et privilège d'avoir et d'establir des porte-flambeaux et porte-lanternes à louage... Voulons et nous plaît que les lanternes qui sont aux coins et au milieu des rues de nostre ville et faux-bourgs de Paris, y soient conservées ainsi que de coutume. »

Tandis que les porte-lanternes étaient payés au quart d'heure — à cet effet, ces fonctionnaires étaient munis de sabliers marqués aux armes de la Ville — les porte-flambeaux étaient rémunérés d'après le poids de chandelle consommé ; il en coûtait cinq sols pour se faire accompagner sur huit cents pas.

Organisation d'un service régulier. L'Ordonnance de 1667. — Les services rendus par les porte-flambeaux et porte-lanternes ne justifièrent pas immédiatement les espoirs que l'on avait fondés sur cette institution. Il fallut envisager d'autres mesures qui firent l'objet d'une ordonnance du 2 septembre 1667, rendue sur la proposition de M. de la Reynie ; celui-ci venait d'être nanti, cinq mois plus tôt, de la charge de Lieutenant général de la Police, nouvellement créée, et dont il était le premier titulaire ; en l'installant dans ses hautes fonctions, Louis XIV lui avait donné comme programme ces trois mots : Netteté, Clarté, Sûreté.

L'ordonnance de 1667 prescrivit d'installer des lanternes « dans les rues, places et aultres endroits de la Ville où il n'y a eût jusques à présent des lanternes » et d'aviser à en augmenter le nombre « dans les lieux où il n'y en a pas suffisamment ». Les frais d'établissement et d'entretien de ces lanternes étaient mis à la charge des riverains, « ainsi qu'il est pratiqué dans les aultres quartiers de la Ville où il y a des lanternes establies ». Il était précisé que les chandelles

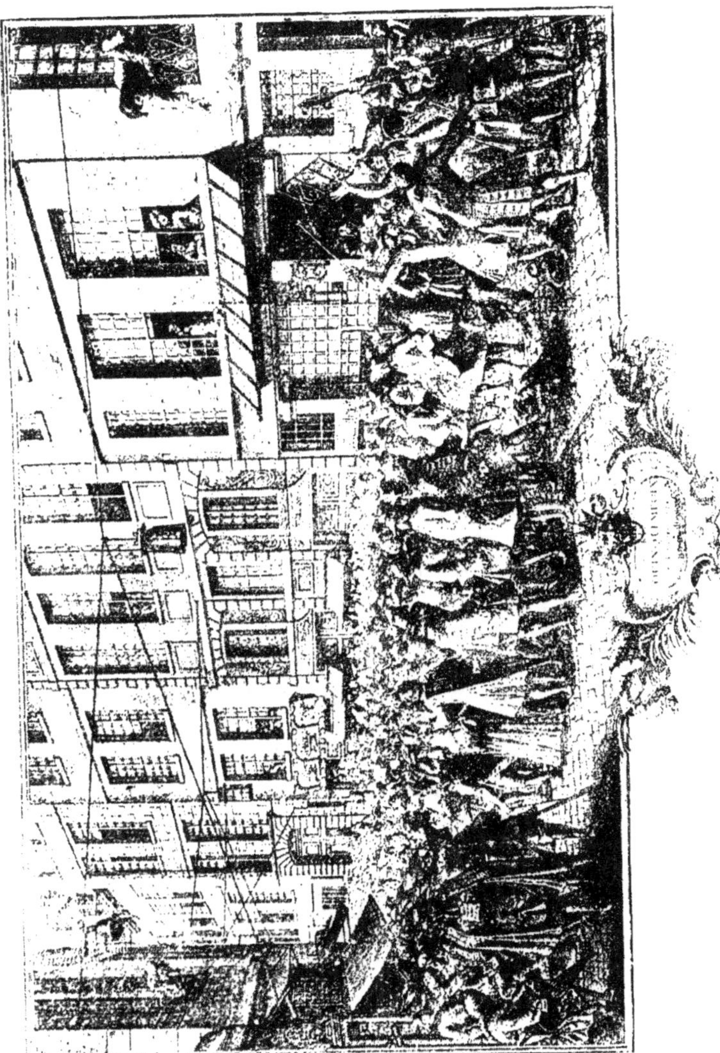

Fig. 2. — La rue Quincampoix au début du xviiie siècle.

utilisées seraient de quatre à la livre et qu'elles brûleraient même pendant le clair de lune, du 1er novembre au 1er mars.

A la différence de celles qui l'avaient précédée, l'ordonnance de 1667 ne resta pas lettre morte. Un délai très court était laissé aux intéressés pour s'exécuter. Passé ce délai, des amendes sévères devaient frapper les récalcitrants. On n'eut pas à faire jouer ces sanctions : à la date fixée, deux mille sept cent trente-six lanternes (fig. 2) se balançaient en travers des neuf cent douze rues de la Capitale, qui posséda de ce jour, avant toute autre ville d'Europe, un service régulier d'éclairage public. La nouvelle organisation souleva' d'ailleurs un enthousiasme général. Les lanternes furent célébrées en prose et en vers, et le Roi-Soleil ne manqua pas de faire frapper des médailles à son effigie (fig. 3), en vue de commémorer un événement qui « faisait briller son règne. »

M. de la Reynie fit preuve, dans l'action qu'il avait entreprise, des qualités de persévérance qui avaient manqué à ses devanciers. Il veilla à la stricte application des mesures qu'il avait fait édicter et chercha sans cesse à améliorer l'organisation nouvellement créée. Un arrêt du Parlement du 23 mai 1671 porta la durée annuelle de l'éclairage public à cinq mois et dix jours (du 20 octobre au 31 mars) et réglementa très étroitement le fonctionnement et le service de l'allumage des lanternes :

« Désormais......, il y aura un homme estably et Préposé en chacun des seize quartiers de cette ville, lequel sera tenu de se rendre tous les soirs aux heures précises qui seront marquées en la maison de l'ancien Commissaire du quartier et d'y prendre une cloche qui sera mise et tenue à cet effet pour ladite maison aller et passer incessamment et diligemment en sonnant ladite cloche dans les rues principales et aultres aboutissant aux carrefours qui luy seront aussi désignez par ledit Commissaire.

« Enjoignons à tous ceux qui seront obligez de descendre les lanternes, de se tenir prests de les abaisser après que la cloche aura esté sonnée. Et à ceux qui auront esté nommez et commis pour distribuer et allumer les chandelles, de partir de leurs maisons et boutiques au mesme instant, pour aller vaquer incessamment au fait de leur commission, le tout à peine de cinquante livres d'amende contre les contrevenans. »

Le service fonctionna dès lors très régulièrement. L'allumage était effectué (fig. 4) à une heure assez tardive — entre cinq heures et six heures et demie selon le mois dans lequel on se trouvait — et les chandelles brûlaient jusque vers une heure du matin. La

Fig. 3. — Médaille frappée par ordre de Louis XIV, en 1669.

plupart des lanternes étaient suspendues à vingt pieds de hauteur au milieu des rues [1] ; on les descendait, au moment de l'allumage, au moyen de cordes de manœuvre en chanvre, aboutissant à des boîtes de fer fermant à clef et scellées dans le mur des immeubles riverains. Les premières lanternes installées étaient à cul-de-lampe, de l'invention d'un sieur Hérault ; elles furent plus tard de forme oblongue — on les désigna sous le nom de lanternes à seau — et formées de petits carreaux assemblés par de larges joints de plomb qui arrêtaient une grande partie des rayons lumineux.

Désormais, l'éclairage public était définitivement entré dans les mœurs et l'on s'accordait universellement à en reconnaître l'utilité. Cependant les Parisiens, dont l'esprit était déjà frondeur, se plaignaient parfois de l'irrégularité du service, certaines chandelles de mauvaise qualité brûlant mal ou s'éteignant prématurément. Les visiteurs étrangers ne remarquaient pas ces imperfections de détail et admiraient unanimement une institution qui avait encore pour eux tout l'attrait de la nouveauté. Une lettre du 20 août 1692, écrite par un Sicilien à l'un de ses amis, témoigne de cet état d'esprit :

« L'invention d'éclairer Paris pendant la nuit par une infinité de lumières mérite que les peuples les plus éloignés viennent voir ce que les Grecs et les Romains n'ont jamais pensé pour la police de leurs républiques. Ces lumières, enfermées dans des fanaux de verre suspendus en l'air et à égale distance, sont dans un ordre admirable et éclairent toute la nuit. Ce spectacle est si beau et si bien entendu qu'Archimède même, s'il vivait encore, ne pourrait rien ajouter de plus agréable et de plus utile. »

A la fin du XVIIe siècle, il y avait à Paris plus de 5.000 lanternes dont l'entretien annuel coûtait 300.000 francs. Cette dépense était à la charge des habitants. Louis XIV, qui se trouvait à court d'argent, imagina en 1697 de se faire verser par les Parisiens le capital correspondant au montant de cette annuité — soit 5.400.000 francs, au denier dix-huit —, moyennant quoi il s'engageait à éclairer perpétuellement Paris aux frais du Roi. Cette sorte d'emprunt forcé frappa d'ailleurs également un certain nombre de villes de province. L'ordonnance de 1697, qui réglementa la chose, débutait ainsi :

---

1. Les lanternes étaient supportées soit par des cordes transversales dont les extrémités étaient fixées aux façades des immeubles bordant la voie publique, soit par des potences en bois.

Fig. 4. — L'allumage des lanternes au xviiᵉ siècle, d'après la gravure de Conrard le fils.

« De tous les establissements qui ont été faits dans notre bonne Ville de Paris, il n'y en a aucun dont l'utilité soit plus sensible et mieux reconnue que celui des lanternes qui éclairent toutes les rues ; et, comme nous ne nous croyons pas moins obligé de pourvoir à la sûreté et à la commodité des autres villes de notre royaume qu'à celle de la Capitale, nous avons résolu d'y faire le même établissement et de leur fournir les moyens de le soutenir à perpétuité. »

Personne ne fut dupe du subterfuge royal. « On voyait bien », est-il écrit dans les Annales de la Cour de Paris des années 1697 et 1698, « que ce n'était là qu'une nouvelle invention qu'on trouvait pour avoir de l'argent, dont il était impossible que l'État se passât ».

On nomma donc dans les grandes villes des « lanterniers » et des « sous-lanterniers » dont les absorbantes fonctions donnaient lieu à toutes sortes de plaisanteries et même à des chansons :

> Abaissez la lanterne,
> Monsieur le Lanternier ;
> Celui qui la gouverne
> Il a grand mal au pied,
> Et celui qui l'allume
> Il a gagné un rhume
> A force de crier :
> Abaissez la lanterne,
> Monsieur le Lanternier !

Le XVIIIᵉ siècle. — On ne réalisa, dans les premières années du XVIIIᵉ siècle, que des progrès peu importants. Le nombre des lanternes s'accrut quelque peu et la durée de la période de fonctionnement de l'éclairage public fut portée à six mois : du 30 septembre au 1ᵉʳ avril. Par contre, il fut prescrit de cesser l'éclairage pendant le clair de lune, et cette économie de « bouts de chandelles », provoqua de nombreuses doléances et même une chanson fort irrévérencieuse pour le Marquis d'Argenson, qui avait succédé en 1697 à M. de la Reynie.

C'est à cette époque que commencèrent les exploits de Cartouche qui terrorisa Paris pendant douze ans, de 1709 à 1721. Les gens de qualité se firent à nouveau escorter par des laquais armés, comme au temps de la Fronde. Les porte-lanternes — que l'on appela désormais des porte-falots — reparurent, et cette institution, qui ne disparut qu'au début du siècle dernier, connut alors un regain de popularité.

Les Parisiens commencèrent à se rendre compte, au cours de cette période troublée, de l'insuffisance des moyens d'éclairage dont la Capitale était dotée, et qui ne s'étaient pas sensiblement modifiés depuis la réorganisation du service, c'est-à-dire depuis près d'un demi-siècle. En regard des progrès qui avaient été réalisés dans l'éclairage privé, grâce à l'emploi de plus en plus étendu qui se faisait des bougies de cire, on ne songeait plus à s'émerveiller à la vue des lanternes qui se balançaient dans les rues, tous les vingt pas [1] et qui ne répandaient qu'une insuffisante clarté. Il fallait d'ailleurs prendre garde de couper d'heure en heure les mèches charbonneuses des chandelles, faute de quoi les lanternes cessaient de rendre aucun service. Cette obligation de moucher les chandelles, pendant toute la soirée, était fort astreignante pour les commis des lanterniers. Il est vrai que certains d'entre eux se montraient fort peu zélés ; d'aucuns même provoquaient l'extinction prématurée des chandelles par des artifices variés, en vue d'en récupérer frauduleusement une partie le matin suivant. La qualité et la régularité du service avaient grandement à souffrir de cet état de choses.

Si l'éclairage public ne fit l'objet d'aucune amélioration notable au cours de la première moitié du xviiie siècle, les Parisiens n'en durent pas moins subir, en 1743, une nouvelle taxe de 490.000 livres pour l'enlèvement des boues et entretien des lanternes et pompes publiques. Pour justifier cette charge supplémentaire qu'il imposait aux habitants de sa Capitale, — quarante ans à peine après le versement de 5.400.000 livres qui devait les exonérer, à perpétuité, de toute contribution se rapportant à l'éclairage public, — le Roi invoqua « les augmentations considérables survenues depuis 1704 sur le prix des denrées, main-d'œuvre et entretien et agrandissements tant de la ville que des fauxbourgs ». Anticipant de deux siècles, Louis XV fit application, en cette circonstance, et à son profit, de la très moderne théorie de l'imprévision.

Les réverbères. — C'est en 1744 que l'on vit apparaître une invention qui devait entraîner la transformation complète de l'éclairage public, quelque vingt-cinq ans plus tard : *la lanterne*

---

1. Il n'y avait que trente lanternes dans la rue Saint-Honoré, entre la rue du Roule et le Palais-Royal, et dix-sept rue Quincampoix qui était, à cette époque, l'une des rues les plus fréquentées de Paris.

à réverbère, présentée à l'Académie des Sciences par l'abbé Matherot de Perigny et par Bourgeois de Châteaublanc, combinait l'emploi d'une lampe à huile et d'un réflecteur en métal argenté : *le réverbère.* L'Académie, tout en reconnaissant l'intérêt que présentait ce nouvel appareil pour l'éclairage des cours, des escaliers et des rues, exprima son opinion favorable en termes mesurés : « l'avantage de ces lanternes consiste :

« 1° au moyen du réverbère, à donner beaucoup plus de lumière que les lanternes ordinaires enfermées par des vitrages ;

« 2° en ce qu'elles n'ont pas, comme celles-ci, l'inconvénient de jeter une ombre considérable au-dessous du lieu où elles sont établies... »; mais « ces lanternes ne peuvent être utiles qu'à ceux qui veulent les soigner, car elles sont sujettes à se ternir en très peu de temps par la fumée qui s'y attache ».

La fabrication des lanternes étant monopolisée par la corporation des lanterniers-miroitiers, les deux inventeurs ne pouvaient exploiter leur découverte sans s'exposer à des poursuites. Ils durent solliciter une permission spéciale qui leur fut accordée, pour vingt ans, par des lettres patentes du Roi que le Parlement enregistra le 23 décembre 1745. Quelques réverbères furent alors mis en service, à titre d'essai, dans la rue de l'Ancienne-Comédie (alors rue de la Comédie-Française), rue Dauphine et sur le Pont-Neuf. Ce nouvel éclairage fit sensation, ainsi qu'en témoigne un long poème dithyrambique de M. de Valois d'Orville, publié en 1747 :

> Le règne de la Nuit désormais va finir ;
> Des mortels, renommés par leur sage industrie,
>   De leur climat sont prêts à le bannir.
>   Vois les effets de leur génie !
> Pour placer la lumière en un corps transparent,
> Avec un verre épais une lampe est formée :
> Dans son centre une mèche, avec art enfermée,
>   Frappe un réverbère éclatant,
>   Qui, d'abord la réfléchissant,
>   Porte contre la nuit sa splendeur enflammée.
>   Globes brillants, astres nouveaux,
> Que tout Paris admire au milieu des ténèbres,
>   Dissipez leurs horreurs funèbres
>   Par la clarté de vos flambeaux !

En dépit des lyriques descriptions de Valois d'Orville, l'emploi des réverbères ne s'étendit pas immédiatement et les anciennes lanternes subsistèrent dans la plupart des rues. La nouvelle invention avait sans doute besoin d'une mise au point. Il est également vraisemblable que les producteurs de suif, à qui l'éclairage public de Paris rapportait plus de 100.000 livres par an, ne virent pas la nouvelle invention d'un très bon œil, jusqu'au jour où il fut reconnu que les réverbères étaient susceptibles de fonctionner convenablement en brûlant une huile de tripes que la corporation des chandeliers fabriquait dans l'île des Cygnes, à l'aide des abatis de bœuf et de mouton.

Bourgeois de Châteaublanc ne reparut, seul cette fois, qu'après une éclipse d'une douzaine d'années. Il avait, entre temps, perfectionné ses réverbères [1] dont une note de publicité, insérée dans la Feuille Nécessaire de 1759, décrivait les multiples applications.

Le concours Sartine. — C'est vers la fin de cette année 1759 que M. de Sartine, Maistre des Requêtes, fut appelé à la charge de Lieutenant général de la Police ; il n'avait alors que trente ans. Dès son entrée en fonctions, M. de Sartine porta son attention sur l'éclairage public.

Il fit tout d'abord disparaître les encombrantes enseignes transversales qui se balançaient dans les rues et diminuaient la visibilité des lanternes. Ces enseignes avaient perdu une grande partie de leur utilité pour la désignation des localités et des immeubles depuis qu'il était prescrit d'apposer des plaques de noms de rues aux carrefours et de numéroter les portes cochères et charretières [2].

M. de Sartine se préoccupa, en même temps, de remplacer les chandelles par un mode d'éclairage moins primitif. En vue de stimuler l'initiative des inventeurs, il eut l'idée, très originale à cette époque, d'organiser un concours public dont le programme était le suivant :

« La meilleure manière d'éclairer les rues de Paris pendant la nuit en conciliant ensemble la clarté, l'économie et la facilité du service. »

L'Académie des Sciences fut désignée comme juge du concours, dont le lauréat devait recevoir un prix de 1.000 livres que M. de Sartine payait de ses deniers.

1. Le risque de congélation de l'huile du réservoir en cours de fonctionnement de la lampe était éliminé par l'adoption du « calorifère » dont l'invention était due à M. de Lierville, et qui consistait dans une tige de métal dont une extrémité plongeait dans l'huile et dont l'autre était léchée par la flamme.
2. Cette pratique avait été introduite en 1726 par le lieutenant de police Hérault.

Le concours, ouvert le 31 août 1763, fut clos le 1er janvier 1765. Aucun mémoire ne parut digne d'être primé. On accorda seulement une gratification de 200 livres à un sieur Goujon, vitrier, pour quelques menus perfectionnements que cet artisan proposait d'apporter au type de lanterne en usage. M. de Sartine porta alors le prix à 2.000 livres et le concours fut ouvert à nouveau.

Parmi les concurrents, figurait Lavoisier, alors âgé de vingt-deux ans, et dont le mémoire, très intéressant au point de vue théorique, parut ne pas répondre à l'objet même du concours. L'Académie résolut cependant de publier le travail de Lavoisier, que le Roi gratifia d'une médaille d'or, sur la proposition de M. de Sartine. Quant au prix de 2.000 livres, l'Académie le répartit entre trois des concurrents, parmi lesquels figurait Bourgeois de Châteaublanc.

Le résultat du concours étant indécis, M. de Sartine fit procéder à des essais comparatifs des modèles d'appareils primés, qui tous comportaient des lampes à huile et des réverbères. A la suite de ces essais, qui furent exécutés en régie, le Conseil du Roi décida, le 30 juin 1769, d'accorder à trois concessionnaires associés le monopole de « l'illumination » de Paris pour une durée de vingt années.

L'un des associés était Bourgeois de Châteaublanc qui s'était adjoint un sieur Pierre-Joseph Levalar, conseiller du Roi, commissaire général de la Voirie de la Ville et des Faubourgs — lequel s'éclipsa presque immédiatement ; — le troisième concessionnaire était Pierre Tourtille Segrain, bourgeois du Temple, qui jouait le rôle de bailleur de fonds. C'est ce personnage qui prit la direction effective de l'affaire ; Bourgeois de Châteaublanc se retira dès 1775 et mourut oublié en 1781.

Moyennant le paiement annuel d'une somme forfaitaire de 350.000 livres, les concessionnaires se chargeaient de substituer les nouvelles lanternes aux anciennes, de les entretenir, d'assurer la fourniture de l'huile et le service de l'allumage.

Les nouvelles lanternes étaient de forme hexagonale (fig. 5). La cage, établie en fer forgé, était recouverte d'une plaque horizontale en cuivre argenté, destinée à rabattre la lumière vers le sol, et surmontée elle-même d'un dôme. Les verres étaient de Bohême et de la manufacture de Saint-Chirin. L'aspect général des réverbères était beaucoup plus plaisant que celui des anciennes lanternes ;

il y avait également moins de lumière interceptée en raison des dimenssion plus grandes des verres, de la suppression des joints

Fig. 5. — Lanternes à réverbère contenant une lampe à quatre mèches.

de plomb et de la faible section des montants qui constituaient la carcasse de la lanterne.

Les lampes étaient à un, deux, trois ou quatre becs, selon qu'il s'agissait d'éclairer un cul-de-sac, une rue ordinaire, un carrefour à trois ou quatre branches. Derrière chaque bec, il y avait un réver-

Fig. 6. — Un réverbère à Londres.

bère de forme concave, destiné à renvoyer la lumière dans la direction à éclairer.

Fig. 7. — Lanterne à réverbère de l'Esplanade des Invalides.

En raison de la puissance plus grande des nouveaux foyers, on put leur donner un espacement supérieur à celui des chandelles. On en installa toutes les trente toises (50 mètres environ).

On avait songé à placer les réverbères le long des maisons, mais cette pratique, qui était en usage à Londres [1] (fig. 6), ne se justifiait guère à Paris où les chaussées étaient consacrées aux gens de pied et aux voitures, sauf à la traversée des ponts, et où de très nombreux immeubles formaient des saillies sur les alignements.

On continua donc à suspendre les lanternes au milieu des rues [2], à seize pieds en l'air. Cette hauteur était suffisante pour mettre les réverbères à l'abri de la malveillance et laisser passer les voitures portant les chargements les plus encombrants. Si l'on en croit certaines caricatures du temps (fig. 8), il était cependant des cas où la présence des réverbères causait quelque gêne à la circulation. En outre, il fallait arrêter les voitures au moment où l'on descendait les lanternes pour les nettoyer, les garnir d'huile ou les allumer.

On attacha désormais une grande importance à la régularité du service. Lorsque les soldats du guet apercevaient une lanterne éteinte, avant l'heure fixée, ils devaient en aviser immédiatement le commis de garde de l'un des cinq dépôts du concessionnaire. En outre, le Lieutenant général de Police désigna un inspecteur qui fut spécialement chargé de veiller à la bonne marche du service et de lui en rendre compte. C'est la nomination de ce fonctionnaire qui marque l'origine du Service municipal de l'Éclairage public.

L'introduction des réverbères déchargea les Parisiens de la corvée de l'allumage et du mouchage des chandelles, dont ils s'étaient toujours acquitté d'assez mauvaise grâce. Cette besogne fut assurée désormais par les concessionnaires qui confièrent le soin de l'allumage des becs et du nettoyage quotidien des réflecteurs et des verres à des « gagne-deniers » (fig. 9), dont chacun assurait le service de vingt lanternes.

Le nouveau régime introduisait une autre réforme qui fut très bien accueillie des habitants de la Capitale : le fonctionnement de

---

1. A Londres, où il existait déjà des trottoirs, les lanternes étaient montées sur des poteaux placés contre les façades.

2. Sur les places ou dans les espaces découverts on suspendait les lanternes à des potences en fer (fig. 7).

Fig. 8. — Caricature exécutée à Londres par ordre de Louis XVI.

l'éclairage public cessa d'être interrompu pendant les mois d'été [1].
On se contenta seulement de mesurer la quantité d'huile introduite
dans les appareils, de manière à en provoquer l'extinction au

Fig. 9. — L'allumeur de réverbères, d'après les « Contemporaines »
de Rétif de la Bretonne.

moment du lever de la lune. C'est l'économie correspondante qui
gageait certaines pensions royales dites « pensions de clair de lune »
dont on disait, par plaisanterie, qu'elles devaient se payer néces-
sairement par quartiers.

1. Au moment de la suppression des anciennes lanternes, l'éclairage public ne
fonctionnait que du 29 août au 27 mars.

Toutes ces améliorations furent vivement appréciées par la popu-

Fig. 10. — Le réverbère de la place de Grève, d'après une gravure de l'époque révolutionnaire.

lation parisienne, et l'adoption des réverbères valut à M. de Sartine un concert d'éloges on ne peut plus mérité. L'auteur de la réforme était d'ailleurs fort satisfait lui-même de l'œuvre qu'il avait su mener à bien. On lit, en effet, dans un de ses rapports, que « la lumière que répand le réverbère... est telle, qu'il ne permet pas de penser que l'avenir puisse réserver quelque chose de mieux ».

Moins d'un demi-siècle plus tard, l'invention du gaz d'éclairage devait apporter un éclatant démenti à cette affirmation hasardée et provoquer une véritable révolution dans l'éclairage public.

L'organisation créée par M. de Sartine ne subit pas de transformation profonde au cours du règne de Louis XVI. Tourtille Segrain fut un concessionnaire exact et zélé et se révéla homme d'affaires avisé. Il sut faire prolonger sa concession de vingt ans, organisa l'éclairage public dans vingt-six villes de province et créa une société au capital de 1.600.000 livres qui groupa l'ensemble de ses intérêts.

Le nombre des réverbères en service s'accrut au cours de cette période : on en installa sur le boulevard (devenu de nos jours les Grands Boulevards) et sur la route de Versailles que Marie-Antoinette et le Comte d'Artois parcouraient souvent le soir. Cette dernière opération, qui fut réalisée en 1777, provoqua l'admiration des contemporains. « Aucune ville ancienne ou moderne n'a offert ce genre de magnificence utile », écrivit Mercier dans son Tableau de Paris.

Les appareils eux-mêmes ne furent pas modifiés, mais, à partir de 1788, on cessa d'utiliser l'huile de tripes dont la combustion dégageait une odeur nauséabonde ; on eut désormais recours à l'huile de colza dont Leroy de Lille venait de découvrir un mode d'épuration ; ce changement permit d'obtenir une flamme plus blanche et moins fuligineuse.

On ne s'occupa guère de l'éclairage public, au cours de la période révolutionnaire. La console de fer, qui supportait l'un des réverbères de la place de Grève (fig. 10), fut employée comme gibet. A cette sanglante époque, le cri « A la lanterne ! » prit une signification sinistre sur laquelle il n'y a pas lieu de s'appesantir.

Tourtille Segrain tenta de maintenir la continuité du service de l'éclairage public et se débattit dans des difficultés diverses ; il dut enfin abandonner la partie, et sa fortune sombra dans la tourmente. Ce n'est qu'après le 18 Brumaire que le service de l'éclairage public retrouva son fonctionnement régulier.

Le XIXe siècle. — Les perfectionnements qui furent apportés aux réverbères, pendant la durée du Premier Empire, ne paraissent pas avoir été très considérables. Cependant, le nombre des appareils s'accrut sensiblement et cette progression se maintint au cours des premières années de la Restauration. En 1817, on comptait à Paris 4.645 réverbères contenant 10.941 becs. En 1821, ces nombres étaient passés respectivement à 5.035 lanternes et à 13.340 becs (dont 482 lanternes, correspondant à 668 becs, étaient en service dans les établissements publics). La dépense annuelle était de 646 francs par réverbère.

C'est à cette date que l'on apporta aux réverbères une transformation qui marqua l'apogée de l'éclairage public par lampes à huile. Le nouvel appareil, construit par Vivien, de Bordeaux, et qui avait fait l'objet d'un essai satisfaisant sur la place du Louvre, comportait l'application du courant d'air au tube qui portait la mèche allumée, suivant un dispositif qui était entré depuis longtemps dans la pratique pour les lampes destinées à l'éclairage privé.

La lampe à double courant d'air, avec cheminée de verre, avait été imaginée par un physicien suisse, Ami Argand, une quarantaine d'années auparavant. L'inventeur avait fait part de sa découverte, dès 1783, à Pierre Lenoir, Lieutenant général de Police. Mais les pourparlers engagés en vue de l'utilisation de la lampe d'Argand pour l'éclairage public avaient malheureusement échoué. Se défiant, à juste titre, du peu scrupuleux Tourtille Segrain qui avait déjà spolié Bourgeois de Châteaublanc du bénéfice de sa découverte, Argand avait refusé de se prêter à un examen trop attentif de sa lampe. Trouvant cette prétention injustifiée, Lenoir avait rompu brusquement les négociations. Les événements qui suivirent devaient démontrer le bien-fondé des craintes d'Argand : son invention fut plagiée par un certain Quinquet, obscur pharmacien dont l'officine était établie aux Halles. Après bien des discussions, Argand parvint à faire éclater au grand jour l'insigne déloyauté de Quinquet, qui fit cependant fortune et dont le nom devint célèbre, tandis qu'Argand mourut pauvre et oublié.

C'est cette navrante histoire que rappelle le quatrain :

> Voyez-vous cette lampe où, muni d'un cristal,
> Brille un cercle de feu qu'anime l'air vital ?
> Tranquille avec éclat, ardente sans fumée,
> Argand la mit au jour et Quinquet l'a nommée !

Les débuts de l'éclairage par le gaz. — C'est le 1er janvier 1829 que l'on mit en service, place du Carrousel, les quatre premiers appareils d'éclairage public au gaz qui aient fonctionné à Paris. Douze appareils semblables brûlaient le lendemain rue de Rivoli. Trois mois plus tard, on vit apparaître rue de la Paix et place Vendôme le type du candélabre en fonte [1] qui allait se répandre avec le nouveau mode d'éclairage (fig. 11), et dont il existe encore aujourd'hui des exemplaires en service sur un certain nombre de points de la périphérie.

La possibilité d'obtenir un gaz combustible, par distillation du bois ou de la houille, était un fait bien connu des savants à la fin du XVIIIe siècle. Mais c'est à Philippe Lebon que revient l'impérissable honneur d'avoir su discerner l'intérêt pratique d'un fait qui n'était regardé, avant lui, que comme une curiosité de laboratoire. Dès 1791, Lebon, qui venait de sortir de l'École des Ponts et Chaussées et qui n'était âgé que de vingt-quatre ans, avait installé, dans la cour de la maison de son père, un gazogène rudimentaire en briques, dans lequel il distillait du bois. Le gaz obtenu brûlait en produisant une vive lueur, après avoir été lavé dans une cuve pleine d'eau. En l'an VIII (28 septembre 1799), Lebon obtint un brevet d'invention « pour les nouveaux moyens d'employer les combustibles plus utilement, soit pour la chaleur, soit pour la lumière, et d'en recueillir les différents produits ». Le « thermolampe », décrit dans le mémoire qui accompagnait le brevet, était une sorte de calorifère qui servait à éclairer les appartements en même temps qu'à les chauffer. Lebon le désignait : « thermolampe ou poêle qui chauffe et éclaire avec économie et offre, avec plusieurs produits spéciaux, une force motrice applicable à toutes sortes de machines ». Le produit distillé était le bois, mais Lebon indiquait l'emploi éventuel de la houille et mentionnait la récupération possible des sous-produits. Tout l'avenir de l'industrie gazière était ainsi contenu en puissance dans ce premier brevet, qui fut complété quelque temps après par des indications sur la construction de machines mues par la force expansive du gaz.

Dès le 30 novembre an VIII, Lebon avait fait des propositions au Gouvernement, en vue de l'utilisation du gaz à l'éclairage des rues. Ces propositions ayant été rejetées, Lebon, désireux d'en appeler de cette décision devant l'opinion publique, s'établit rue

---

1. On avait commencé, depuis 1825, à établir des trottoirs dans les rues.

Saint-Dominique-Saint-Germain, dans l'ancien Hôtel Seignelay, dont il illumina les appartements, les cours et les jardins avec une profusion qui fit l'admiration des visiteurs.

Fig. 11. — Candélabre en fonte (1830).

Le Gouvernement comprit enfin l'intérêt de la découverte de Lebon. Mais comme la flotte française était alors en pleine période de reconstitution et qu'on manquait de goudron, il fut décidé que Lebon monterait une usine de distillation du bois dans la forêt du Rouvray, près du Havre, de manière à fabriquer cinq quintaux de goudron par jour. Lebon se mit à l'œuvre et remplit le programme qui lui était imposé. Il commit malheureusement l'imprudence de s'associer des Anglais qui regagnèrent leur pays, après la rupture de l'an XI, en emportant avec eux les secrets de fabrication auxquels ils avaient été initiés.

Lebon fut assassiné par des malfaiteurs en traversant les Champs-Élysées, le 2 décembre1804, le soir même de la cérémonie du sacre de Napoléon Ier, à laquelle il était venu assister.

L'œuvre de Lebon fut poursuivie par sa veuve, qui réalisa de nouveaux essais du thermolampe en 1811 dans une maison située rue de Bercy, n° 11, ainsi que dans les galeries du passage Montesquieu et du cloître Saint-Honoré. Ces essais n'eurent pas de suite en raison de l'odeur désagréable que produisait la combustion du gaz et des vapeurs méphitiques que dégageaient les appareils de distillation. Mme Lebon r ourut en 1813, peu de temps après cet insuccès ; un prix de 1.200 francs, qui lui avait été décerné par la Société d'Encouragement pour l'Industrie Nationale, et une modeste rente viagère, accordée par le Ministre de l'Intérieur, étaient venus récompenser, d'une manière tardive et insuffisante, les immenses services rendus à la science française par son mari.

La tentative de Lebon se termina par un échec, par suite de la mort prématurée de l'inventeur et de l'inertie des pouvoirs publics. Il est vraisemblable qu'il en eût été de même des essais poursuivis en Angleterre, par William Murdoch et Samuel Clegg, au cours des premières années du XIXe siècle, en vue de l'utilisation du gaz de houille, si un homme d'affaires du nom de Winsor, d'origine allemande, mais naturalisé anglais, n'avait fait intervenir la spéculation dans cette affaire. Ce Winsor sut attirer les capitaux nécessaires à l'exécution de coûteux essais et parvint à obtenir en 1810 une charte royale constituant le premier privilège accordé à une Compagnie gazière. Winsor forma alors une Société au capital de cinq millions. Plusieurs usines s'élevèrent à Westminster et dans les faubourgs de Londres, et l'éclairage par le gaz prit un rapide essor en Angleterre.

En 1815, Winsor chercha à introduire son industrie en France. Il prit un brevet qui dépossédait les héritiers de Lebon, installa l'éclairage au gaz dans le passage des Panoramas, au Palais du Luxembourg et sous les galeries de l'Odéon. L'entreprise prit fin sur l'intervention de la police, sous la pression de certains esprits timorés qui avaient répandu le bruit que l'usine installée au Luxem-

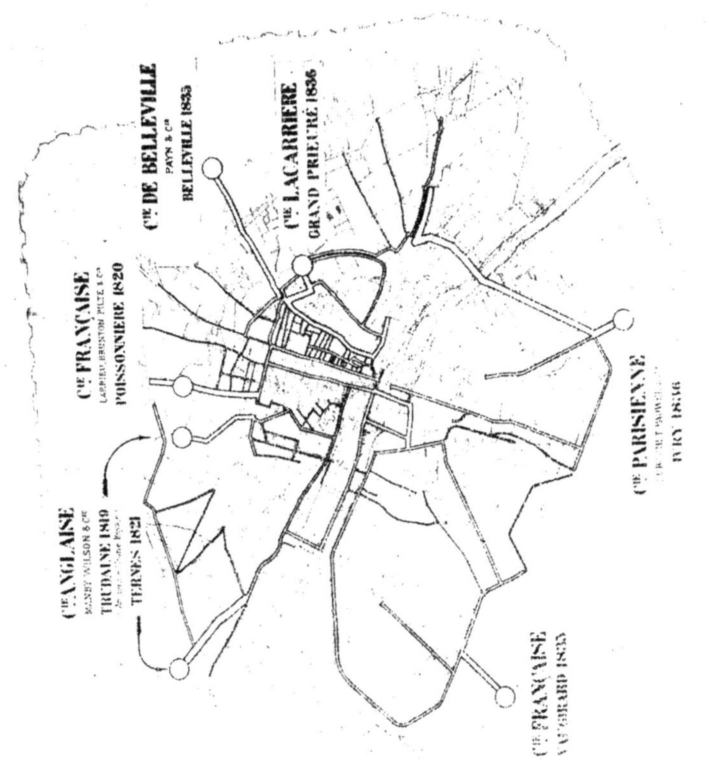

Fig. 12. — Réseau de canalisations des premières compagnies gazières.

bourg était susceptible de faire sauter tout le quartier. D'autres tentatives échouèrent, par suite de l'hostilité du public. Cependant, l'hôpital Saint-Louis avait été pourvu de l'éclairage au gaz, dès 1817, par suite d'une initiative heureuse du Préfet de la Seine de l'époque, M. de Chabrol, qui sortait de l'École Polytechnique et s'intéressait très vivement aux progrès de la nouvelle industrie : 300 becs de gaz, dont le fonctionnement ne coûtait que 5.000 francs par an, avaient remplacé 150 lampes à huile qui entraînaient une dépense de 8.000 francs, tout en ne procurant qu'un éclairage incomparablement moins brillant. Deux ans plus tard, en 1819, Louis XVIII eut l'idée d'éclairer l'Opéra au gaz. Deux ingénieurs, Daru et Cagniard de la Tour, dont le premier avait réalisé l'installation de l'hôpital Saint-Louis, établirent une vaste usine à l'extrémité du Faubourg Poissonnière, rue de la Tour-d'Auvergne, après qu'une commission eût été recueillir en Angleterre les renseignements indispensables à cette innovation, qui obtint le plus grand succès.

Il fallut plusieurs années pour faire désarmer les adversaires du nouveau mode d'éclairage dont les critiques s'exprimaient sous une forme extrêmement vive. Charles Nodier publia en 1823 un ouvrage satirique de cent soixante pages, intitulé : « Essai critique sur le gaz hydrogène », et dans lequel il détaille, d'une plume ironique et mordante, les dangers et les incommodités de toutes sortes qui devaient en résulter pour les Parisiens.

Après ces débuts difficiles (fig. 12), l'industrie gazière se développa peu à peu et les entreprises se multiplièrent à Paris ; on vit se constituer successivement : la Compagnie Française pour l'éclairage au gaz, 1820 (usines de Vaugirard et de Poissonnière), qui avait repris la suite des affaires de la Compagnie Royale ; la Compagnie Anglaise, 1821 (Manby-Wilson) (usines Trudaine [1] et des Ternes) ; la Compagnie Parisienne, 1836, dont l'usine était à Ivry ; la Compagnie Lacarrière, 1834 (rue de la Tour) ; la Compagnie de Belleville, 1834 (usine de Belleville) ; la Compagnie de l'Ouest, 1839 (Passy).

Ces six Compagnies, qui ne jouissaient pas de concessions proprement dites, mais de simples autorisations pour la pose de leurs canalisations sous la voie publique, s'étaient partagé la superficie de Paris. Des conflits étant survenus, il fallut déterminer nettement leurs périmètres, ce qui fit l'objet d'un arrêté du 30 novembre 1839.

On se décida, quelques années plus tard, à consolider la situation des Compagnies par un traité qui leur conférait un monopole de distribution à l'intérieur de leurs périmètres respectifs. Ce traité,

---

1. Ancienne Usine Royale.

qui fut approuvé par ordonnance royale du 13 décembre 1846 et devait durer jusqu'en 1863, n'était avantageux, ni pour le public, qui payait le gaz plus de 0 fr. 40 le mètre cube, ni pour les Compagnies, dont les moyens de production étaient trop morcelés. Celles-ci se résolurent à une fusion qui fut réalisée en 1855, sous les auspices de la Banque Péreire, par la création de la Compagnie Parisienne d'Éclairage et de Chauffage par le Gaz. Le traité de concession accordé à la nouvelle Compagnie eut une durée fixée à cinquante ans. Le prix du gaz fut ramené à 0 fr. 30 le mètre cube pour la fourniture aux particuliers et à 0 fr. 15 pour l'éclairage public. En outre, la Ville exigea la suppression des usines de la rue du Faubourg-Poissonnière et de la rue de la Tour-du-Temple, qui étaient situées à l'intérieur de l'enceinte de l'octroi. Pour les remplacer, la Compagnie Parisienne construisit l'usine de la Villette.

L'emploi du gaz pour l'éclairage public s'était développé progressivement au fur et à mesure de l'extension des réseaux de distribution des Compagnies. En 1831, on ne comptait encore que 69 becs de gaz en service dans les rues de la Paix, de Castiglione, de l'Odéon et place Vendôme. Il subsistait, par contre, 12.941 becs à huile : la dépense de l'éclairage public figurait au budget municipal pour 864.000 francs. Quatre ans plus tard, le nombre des becs de gaz était de 203. Il passe en 1839 à 1.162, et le nombre des réverbères à huile a légèrement diminué : 5.101 réverbères ne contenant plus que 11.654 becs. L'éclairage public coûte alors près de un million de francs par an.

Au moment de la chute de la Monarchie de Juillet, il n'existait plus que 2.608 réverbères contre 8.600 appareils à gaz. En 1852, l'éclairage à l'huile était définitivement cantonné dans les voies secondaires, encore dépourvues de canalisations, et l'on comptait 13.733 becs de gaz dont la plus grande partie brûlaient du jour au jour pendant toute l'année, suivant un horaire qui différait peu de celui qui est en vigueur aujourd'hui. Un quart à peu près des appareils — exactement 3.647 — étaient mis en régime variable pendant les six mois d'été (d'avril à septembre) : leur fonctionnement était alors suspendu lorsque la clarté de la lune pouvait y suppléer. Ces restrictions disparurent en 1855.

Les becs utilisés à cette époque pour l'éclairage public — et dont les derniers spécimens n'ont disparu de nos rues qu'à une date récente — étaient exclusivement des becs papillons consommant

140 litres de gaz à l'heure et dont la flamme avait 67 millimètres de largeur sur 32 millimètres de hauteur. Ces becs donnaient une intensité de lumière dépassant de 10 p. 100 l'éclat d'une lampe Carcel brûlant 42 grammes d'huile à l'heure, ce qui équivaut à environ 11 bougies. L'espacement des becs, qui étaient habituellement disposés en quinconce sur des candélabres de 4ᵐ,25 de hauteur, variait entre 20 et 40 mètres, selon l'importance des voies.

Un tel éclairage était alors regardé comme très brillant, et présentait, en effet, une supériorité marquée sur l'éclairage par réverbères à huile auquel il se substituait, tant en raison de la puissance plus grande des foyers que de leur espacement moindre et de leur fonctionnement plus régulier. Les opérations d'entretien étaient en même temps très simplifiées : on n'avait plus à effectuer le récurage quotidien des réflecteurs, encrassés par la fumée, le coupage ou le remplacement des mèches, le remplissage des récipients à huile ; l'allumage était également plus facile et plus rapide. Aussi l'indemnité allouée à la Compagnie concessionnaire pour assurer l'allumage et l'extinction des appareils, le nettoyage des lanternes, le remplacement des verres cassés, le renouvellement de la peinture des candélabres et l'entretien complet des appareils, n'était-elle que de quatre centimes par jour et par foyer ; la dépense de fonctionnement horaire était de deux centimes et demi, y compris le coût du gaz consommé.

C'est de la Préfecture de Police que le Service de l'Éclairage public relevait encore à cette époque. L'Inspection générale de la Salubrité et de l'Éclairage, qui en avait la charge, veillait à la stricte observation des horaires d'allumage et d'extinction ainsi qu'au bon fonctionnement des becs dont les flammes devaient avoir les dimensions prescrites. Les Inspecteurs de la Salubrité s'assuraient de la bonne marche du service, au cours de rondes quotidiennes, et la Compagnie concessionnaire était passible de pénalités lorsque les inspecteurs constataient des manquements aux obligations résultant du Traité. L'installation des appareils nouveaux, l'achat des candélabres et des lanternes — dont l'Administration assurait la fourniture — et le règlement des dépenses de l'éclairage public rentraient également dans les attributions de l'Inspection générale de l'Éclairage. En outre, un fonctionnaire de ce service, qui portait le titre d'Inspecteur de l'Éclairage privé,

exerçait le contrôle des usines et de la fabrication du gaz. Quant
à la surveillance de la pose des canalisations, elle paraît avoir
incombé, dès l'origine, aux Ingénieurs du Service des Égouts, qui
conservèrent ces fonctions jusqu'en 1885.

Réorganisation du Service de l'Éclairage. — Le décret du
10 octobre 1859 fit passer l'éclairage public et le nettoiement dans
les attributions de la Préfecture de la Seine. Les Inspecteurs de
l'Éclairage furent alors placés sous les ordres directs de M. Alphand,
Ingénieur en chef du Service des Promenades et Plantations : les
Inspecteurs de la Salubrité, répartis entre les Sections de Voie
Publique, continuèrent à exécuter des rondes de nuit pour la surveillance de l'éclairage. Désormais, les Ingénieurs des Sections de
Voie Publique furent chargés, sous l'autorité de l'Ingénieur en chef
des Promenades, de veiller à l'exécution des rondes, de suivre les
travaux de pose et de déplacement d'appareils d'éclairage public
et de collaborer à la préparation des projets, sauf dans les voies
plantées pour lesquelles leurs collègues du Service des Promenades
étaient chargés de ce soin.

L'éclairage public à la fin du Second Empire. — La première
circulaire adressée par Alphand aux Ingénieurs des Sections, quelques semaines après la réorganisation du service, nous donne un
aperçu des règles que l'on suivait, à cette époque, pour l'établissement d'un projet d'éclairage. Les appareils étaient disposés en
quinconce, sauf dans les voies dont la chaussée avait plus de
14 mètres de largeur ; ils étaient alors placés les uns en face des
autres. L'espacement des becs variait de 20 à 35 mètres, selon l'importance des voies. On se préoccupait particulièrement d'éviter
toute brisure dans les longs alignements de feux — et cela, aussi
bien en plan qu'en profil — en rachetant les petites déclivités du sol
par des variations dans la hauteur des appareils. De tels éclairages
présentaient une belle ordonnance et l'on devait en tirer des effets
décoratifs dans les larges artères dont la féconde activité d'Haussmann et d'Alphand allait doter la Capitale.

Ces méthodes de répartition des foyers dénotent surtout des préoc-
cupations d'ordre artistique plutôt que le souci de réaliser un éclairage particulièrement intense, dans les conditions les plus judicieuses.
Il ne pouvait en être autrement à une époque où la bougie-heure

entraînait une consommation de 14 litres [1] de gaz et où l'on ne disposait pas de sources lumineuses dont l'intensité dépassât sensiblement 10 à 15 bougies ; il ne s'agissait donc que de réaliser ce que l'on appelle aujourd'hui des éclairages de sécurité, et l'emploi de règles simples, basées sur l'expérience, suffisait pour conduire au résultat cherché.

Si la technique de l'éclairage public devait faire peu de progrès jusqu'au moment où l'éclairage électrique vint se poser en compétiteur du gaz, en permettant de réaliser des foyers à la fois plus puissants et plus économiques que ceux dont on disposait en 1860, c'est cependant à cette époque que l'on voit les méthodes scientifiques s'introduire dans le domaine de l'éclairage. L'événement était d'importance et mérite d'être noté.

On se trouvait naturellement conduit, en un temps où les manchons à incandescence n'existaient pas encore et où le chauffage au gaz était peu répandu [2], à définir la qualité du gaz par l'intensité de son pouvoir éclairant propre, plutôt que par la fixation de son pouvoir calorifique. Aussi le traité de 1855 précisait-il, dans son article 10, que :

« le gaz sera parfaitement épuré, son pouvoir éclairant devra être tel que, sous une pression ordinaire, il donne, pour les becs de l'éclairage public, les intensités de lumière ci-après :

1re série consommant 100 l/h, 0,77 de l'éclat d'une lampe Carcel brûlant 42 grammes d'huile à l'heure ;

2e série	—	—	140 l/h, 1,10	— —
3e série	—	—	200 l/h, 1,72	— —

Cette clause était en fait inopérante, aucune pénalité n'étant applicable en cas d'infraction. Le Traité omettait également de préciser le mode opératoire qui serait éventuellement suivi, tant pour le contrôle de la bonne épuration du gaz que pour la détermination du pouvoir éclairant.

Ces fâcheuses lacunes disparurent au moment où l'annexion des communes suburbaines nécessita la passation d'un nouveau

---

1. Au lieu de 1l,6 actuellement, pour les appareils à basse pression pourvus de manchons à incandescence droits, de 1 litre pour les meilleurs appareils à manchons renversés, et de 0l,7 à 0l,8 pour les appareils à gaz comprimé.

2. Il est cependant à noter que la Compagnie Parisienne chercha, dès sa fondation, à développer l'utilisation des poêles et réchauds à gaz. Un article paru dans l'*Illustration* du 7 février 1857 est tout à fait suggestif à cet égard.

traité entre la Ville de Paris, désormais représentée, pour les questions de concession d'éclairage, par le seul Préfet de la Seine — qui était alors le baron Haussmann — et la Compagnie Parisienne du Gaz [1].

Il fut désormais stipulé que le pouvoir éclairant du gaz serait vérifié quotidiennement entre huit heures et onze heures du soir, par les soins d'agents du Service Municipal, dans un certain nombre de chambres d'essais pourvues des appareils photométriques nécessaires, à raison d'une chambre au moins par usine [2]. Deux savants illustres, Dumas et Regnault [3], avaient étudié la méthode à suivre au cours des essais et rédigé, à ce sujet, une « Instruction pratique » [4] qui est demeurée classique et qui est restée en vigueur à Paris jusqu'en octobre 1920. Le pouvoir éclairant était défini par la consommation horaire (105 litres), d'un bec Bengel d'intensité lumineuse équivalente à celle d'une lampe Carcel. Des pénalités étaient appliquées, en cas d'insuffisance du pouvoir éclairant, et le résultat des procès-verbaux de vérification devait être rendu public, quatre fois par an.

L'organisation, créée en 1861, a continué à fonctionner jusqu'à ce jour. Des agents de la Ville, pourvus du diplôme d'essayeur, vérifient quotidiennement la qualité du gaz ; mais on a cessé, depuis octobre 1920, de déterminer le pouvoir éclairant propre, qui ne joue plus aucun rôle dans le fonctionnement des appareils d'éclairage pourvus de manchons à incandescence. Par contre, on mesure le pouvoir calorifique — qui doit dépasser 4.500 calories par mètre cube [5] — et l'on s'assure que la teneur du gaz en oxyde de carbone

1. Traité du 25 janvier 1861.

2. C'est à cette époque que remonte la création du Laboratoire de l'Inspection du Gaz, qui fut installé tout d'abord quai de Béthune et transféré en 1874 dans l'Annexe Est de l'Hôtel de Ville. En 1908, le Laboratoire de l'Inspection du Gaz fusionna avec le Laboratoire du Secteur des Halles qui existait depuis dix-huit ans. Le Laboratoire de l'Éclairage est depuis lors installé rue Poulletier.

3. Dumas, sénateur, président du Conseil municipal, membre de l'Académie des Sciences.

Regnault, administrateur de la Manufacture Impériale de Sèvres, membre de l'Académie des Sciences.

4 Instruction pratique donnant la marche à suivre pour les expériences relatives à la détermination du pouvoir éclairant et de la bonne épuration du gaz (12 décembre 1860). Le bec utilisé était un bec Bengel à 30 trous. On réalisait l'égalité d'intensité lumineuse du bec et de la lampe Carcel utilisée comme étalon, en faisant varier le débit du bec. Le photomètre utilisé était un photomètre de Foucault, à lunette.

5. La Convention du 20 juillet 1907, qui a organisé la Régie intéressée du gaz, a

est inférieure au taux maximum de 15 p. 100 fixé par le Conseil Supérieur d'Hygiène Publique.

Les instructions se rapportant à la détermination du pouvoir calorifique et au contrôle de la teneur en oxyde de carbone, bien que récentes [1], ont déjà fait leur tour de France, à l'imitation de celle de Dumas et Regnault ; il n'est guère de convention passée au cours de ces dernières années entre des municipalités et des compagnies gazières qui ne consacre l'adoption des méthodes d'essai en usage à Paris.

*
* *

Après cette incursion dans le domaine du présent, je me hâte de passer en revue les dernières transformations subies par l'éclairage public avant la double révolution qui marqua la fin du xixe siècle : l'invention du manchon à incandescence et le début du développement de l'éclairage électrique. Aussi bien n'évoquerai-je désormais que des objets dont la vue demeure familière aux Parisiens et des tentatives dont beaucoup d'entre vous ont été les témoins.

L'amélioration de l'éclairage public ne fut pas laissée de côté au cours de la période d'activité féconde qui précéda la chute du Second Empire et qui vit la réalisation des grands travaux édilitaires auxquels les noms d'Haussmann, d'Alphand et de Belgrand resteront attachés. Dans la zone ancienne, le nombre des appareils d'éclairage public au gaz passa de 13.733 (en 1852), à 20.766 [2] (au 1er août 1870), en même temps qu'il triplait dans le territoire des communes annexées [3], pour atteindre 11.256 au 1er août 1870. A cette même date, il ne subsistait que 971 becs fonctionnant à l'huile

---

fixé le pouvoir calorifique minimum à 4.700 calories (eau non condensée). L'Avenant du 20 août 1921 l'a ramené à 4.500 calories (eau condensée), de manière à permettre la distribution d'un gaz mixte (gaz de houille et gaz à l'eau) et le recours à la pratique du débenzolage.

1. Instruction pratique pour la détermination du pouvoir calorifique du gaz (approuvée le 9 mai 1921). La méthode suivie repose sur l'emploi d'un calorimètre à circulation.

Instruction pratique provisoire pour la détermination du volume d'oxyde de carbone contenu dans le gaz d'éclairage (approuvée le 9 mai 1921). La méthode suivie est basée sur l'absorption de l'oxyde de carbone par une dissolution de chlorure cuivreux.

2. Dont 18.876 appareils en service permanent, 315 en cessation et 1.575 seulement en service variable (appareils ne fonctionnant que jusqu'à minuit). Les extinctions de clair de lune avaient cessé depuis 1855.

3. Il existait, au 1er août 1870, 11.256 becs de gaz dans la zone annexée, dont 10.113 en service permanent, 122 en cessation et 1.021 en service variable.

Fig. 13. — Candélabre en fonte, modèle « coupé ».

de colza ; on utilisait désormais des becs à pétrole [1] dans les voies nouvellement ouvertes et dépourvues de canalisations de gaz [2].

Fig. 14. — Candélabre Oudry avec lanterne ronde.

La dépense annuelle totale du service atteignait alors près de quatre millions et demi (au lieu de un million en 1839).

1. Il existait 596 becs à pétrole au 1er août 1870.

2. Le réseau de canalisations s'étendit d'ailleurs considérablement au cours de cette période. Il n'y avait, en 1855, que 516 kilomètres de conduites à l'intérieur des fortifications. Cette longueur dépassait 1.100 kilomètres en 1870.

Les anciens candélabres de Ville, dont l'apparition remontait
aux débuts de l'éclairage public au gaz, portaient la flamme à un

Fig. 15. — Candélabre Lacarrière avec lanterne carrée.

niveau trop élevé [1] ; aussi fut-il décidé de réduire la hauteur des
appareils dont on sectionna le fût (fig. 13). L'aspect de ces candé-

1. 4m,25. Après raccourcissement du fût, la hauteur de la flamme fut ramenée à
3 mètres.

labres était d'ailleurs assez disgracieux : on les relégua donc progressivement dans la périphérie à partir de 1865, en leur substituant

Fig. 16. — Candélabre console.

les candélabres Oudry (fig. 14), qui sont encore utilisés aujourd'hui dans la plupart des rues de Paris [1]. On adopta, en même temps,

1. On utilise également dans certaines voies le candélabre Lacarrière (fig. 15), dont la silhouette rappelle celle du candélabre Oudry. Quelques centaines de candélabres du modèle Lacarrière sont encore en service à l'heure actuelle.

deux types de lanternes en laiton [1], dont l'aspect était plus élégant que celui des ancienne lanternes en tôle et dont la forme diminuait notablement la projection des ombres.

Fig. 17. — Console à scellement.

Le candélabre-console (fig. 16), destiné aux voies de faible largeur, commença également à se substituer, à partir de 1865, aux

1. L'une, de forme ronde, était destinée, en principe, aux voies des quartiers centraux ; l'autre, de forme carrée, moins décorative, devait être utilisée surtout dans la périphérie.

anciennes consoles (fig. 17) fixées [1] aux façades des immeubles, qui présentaient le double inconvénient d'être placées trop haut pour bien éclairer et de nécessiter des branchements noyés dans les murs, qui donnaient lieu assez fréquemment à des fuites.

Fig. 18. — Candélabre de la place de l'Étoile.

C'est également à cette époque que remonte l'introduction d'un certain nombre de types de candélabres plus luxueux que le modèle

1. Au 1ᵉʳ janvier 1872, il existait 458 candélabres-consoles et il restait encore 6.987 consoles encastrées dans les murs. Au 1ᵉʳ janvier 1889 il ne subsistait dans Paris que 2.115 consoles à scellement. Elles achèvent actuellement de disparaître : 214 seulement se trouvaient encore en service au 31 décembre 1922.

Oudry et qui devaient concourir à la décoration de quelques voies magistrales ou de certains points spéciaux : candélabres de la place de l'Étoile (1859), candélabres de la place de la Concorde et des Champs-Élysées (1862) (fig. 18 et 19), etc...

Fig. 19. — Candélabres des Champs-Élysées et de la place de la Concorde.

L'intensité lumineuse des becs papillons de 140 litres (10 bougies environ) commençait alors à paraître un peu faible, bien que la qualité de la lumière ait été améliorée, tant par une vérification plus scrupuleuse du pouvoir éclairant que par la substitution des becs à fente large aux becs à fente étroite utilisés précédemment et dont le rendement laissait à désirer. Pour éviter de trop rapprocher les appareils dans les voies où l'on désirait réaliser un éclairage particulièrement brillant, on fit usage, tantôt de lanternes contenant

Fig. 20. — Candélabre à trois branches.

deux becs (place de l'Étoile), tantôt de candélabres supportant plusieurs lanternes. Un candélabre à trois branches (fig. 20), introduit à la même époque, fut mis en œuvre dans un certain nombre de grandes voies et notamment place Vendôme et rue de la Paix. Pour l'éclairage des refuges, on adopta un appareil à cinq branches

Fig. 21. — Candélabre à cinq branches.

(fig. 21), monté sur un socle en pierre et d'un modèle très décoratif. Il subsiste encore de nombreux exemplaires de ces candélabres

Fig. 22. — Bec intensif.

multibranches qui présentent certains inconvénients en tant qu'appareils d'éclairage, en raison des ombres portées qui en résultent.

Fig. 23. — Candélabre de carrefour.

Apogée de l'éclairage par appareils à flamme libre. Les becs intensifs. — On se préoccupa, à partir de 1878, de réaliser des foyers plus puissants ; les premiers essais d'éclairage électrique, dont je vous entretiendrai dans un instant, commençaient à préoccuper les dirigeants de l'industrie gazière. On vit alors apparaître, dans la rue du Quatre-Septembre, des appareils dont le débit horaire atteignait 1.400 litres (au lieu de 140 litres avec le bec papillon). Ce bec, qui donnait 13 carcels (130 bougies environ) suivant l'horizontale, comprenait six becs papillons répartis suivant une circonférence et disposés de manière que les fentes soient perpendiculaires aux rayons. Deux coupes en cristal (fig. 22) disposées au-dessous des becs déterminaient deux courants d'air, l'un intérieur aux flammes, l'autre extérieur, de telle sorte que la combustion du gaz se faisait mieux qu'à l'air libre et que le rendement était un peu meilleur que celui des becs papillons (1,3 carcel pour 140 litres au lieu de 1 carcel). L'allumage se faisait à l'aide d'une veilleuse. Un bec papillon de 140 litres surmontait la couronne et fonctionnait seul après minuit. On créa, vers la même époque, un appareil de 875 litres de débit à l'heure, qui donnait 7 carcels et comportait une couronne de 5 becs seulement.

En raison de leurs dimensions, on ne put loger ces nouveaux becs dans des lanternes du type courant ; on construisit, pour les recevoir, deux lanternes spéciales un peu plus volumineuses qui furent montées, tantôt sur des candélabres ordinaires, surélevés à l'aide de socles cylindriques, tantôt sur des candélabres dits « de carrefour », d'un modèle plus étoffé que les candélabres Oudry (fig. 23). On utilisa également, pour les refuges, des candélabres sur socles en pierre.

L'éclairage de la place de la République, réalisé en 1883 à l'aide de becs intensifs de 1.400 litres, amena la création de candélabres en bronze d'un type spécial (fig. 24), qui constituent l'élément essentiel de la décoration de cette place.

Les becs à récupération. — Les becs « intensifs », qui avaient été très bien accueillis par le public, furent supplantés par les becs à récupération qui étaient fondés sur ce principe que le rendement lumineux augmente avec la température de la flamme ; pour obtenir le réchauffement de la flamme, l'air [comburant était dirigé de manière à « récupérer » une partie de la chaleur des gaz de la combustion. Ce principe avait déjà été utilisé, dès 1836, par Chaussenot qui avait construit un bec d'Argand à deux cheminées concentriques entre lesquelles passait l'air d'alimentation qui se réchauffait au contact du verre de la cheminée centrale. L'appareil de Chaussenot n'entra pas dans la pratique, et ce n'est qu'en 1879 qu'on vit apparaître un bec à récupération — le bec Siemens — qui fut

Fig. 24. — Candélabre de la place de la République.

essayé à Paris, sans grand succès, sur les places du Carrousel et du Palais-Royal, et dans la rue Royale (1881-1883). Un certain nombre de modèles nouveaux : le Parisien (fig. 25), l'Industriel, le Moderne, le bec Mortimer Sterling, le bec Guibout-Giraud, etc... furent lancés sur le marché quelques années plus tard. Dans tous ces appareils, l'air d'alimentation pénétrait par la partie supérieure de la lanterne, s'échauffait aux dépens des gaz de la combustion en passant dans un récupérateur et parvenait aux becs à une

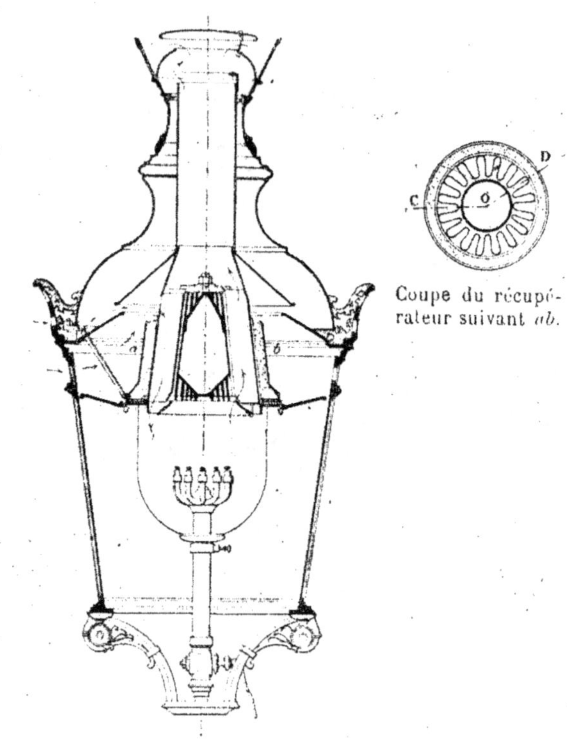

Fig. 25. — Bec à récupération « Le Parisien ».

température d'environ 500°. Les becs étaient entourés d'une coupe en verre étanche, destinée à éviter le mélange de l'air réchauffé avec l'air froid de la lanterne. L'allumage se faisait à l'aide d'une veilleuse.

Les débits des becs à récupération s'échelonnaient entre 350 et 1.200 litres à l'heure, et les intensités horizontales entre 4 et

Fig. 26. — Pylône supportant deux lampes à arc (place du Carrousel).

24 carcels [1]. La consommation par carcel-heure, de 87 litres pour

1. Débits.	350 litres.	Intensité ho-rizontale dans une lanterne vitrée . .	4 carcels.	Consomma-tion par carcel et par heure.	87 litres.
	430 —		6 —		72 —
	550 —		8,5 —		65 —
	750 —		13 —		58 —
	1.000 —		19 —		53 —
	1.200 —		24 —		50 —

les plus petits foyers, tombait à 50 litres pour les becs de 1.200 litres. Ces consommations étaient inférieures de moitié à celle des becs intensifs.

Devant ces résultats, on substitua presque partout aux becs intensifs des becs à récupération dont le nombre s'accrut progressivement : il dépassait 4.000 au 31 décembre 1897.

Cette date marque l'apogée des becs à récupération qui avaient à peu près complètement disparu, deux ans plus tard, à la suite des excellents résultats obtenus avec les becs à incandescence.

L'éclairage électrique. — C'est l'entrée en ligne de l'électricité dans le domaine de l'éclairage public qui avait provoqué l'apparition des becs intensifs et des becs à récupération. Un premier essai d'éclairage électrique avait été réalisé, en février 1878, avenue de l'Opéra, à l'aide de 62 foyers pourvus de bougies Jablockoff. L'essai prit fin quatre ans plus tard, et n'eut pas de suites, l'emploi d'arcs à régulateur, dont une application avait été faite en·novembre 1881, place du Carrousel (fig. 26), permettant d'obtenir des foyers aussi puissants que les bougies Jablockoff et beaucoup plus économiques. L'éclairage du parc des Buttes-Chaumont, réalisé en 1884, consacra l'adoption des lampes à arc pour l'éclairage des grands espaces — et notamment des jardins publics et des parcs dont les plantations avaient à souffrir de la présence de canalisations de gaz, en cas de fuites — tandis que l'emploi des ampoules à incandescence se développait rapidement pour l'éclairage privé. On vit alors se créer un certain nombre de petites stations productrices de courant destinées à desservir certains grands établissements industriels ou commerciaux, des bâtiments municipaux (Hôtel de Ville 1883), ou des circuits d'éclairage public (Parc Monceau 1882, Buttes-Chaumont 1884). Mais l'éclairage électrique ne se développa largement qu'après la création de réseaux publics de distribution (1889).

*
* *

Ici s'arrêtera notre pérégrination à travers le passé. Il y a loin de la fumeuse chandelle, qui brillait solitaire devant le Grand-Châtelet, en l'an 1318, aux 52.286 foyers du Paris de 1889, dont l'intensité lumineuse totale atteignait près de 800.000 bougies. Cependant cet éclairage, hier encore regardé comme satisfaisant, nous paraît aujourd'hui tout à fait suranné. Les becs de gaz à flamme libre ont dû céder la place aux appareils à incandescence, et l'éclairage intensif par le gaz surpressé et par l'électricité s'étend progressivement dans les grandes voies de la Capitale. Il me reste à vous entretenir de cette récente métamorphose, qui n'est évidemment pas la dernière. En vous décrivant les moyens d'éclairage de Paris, en l'année 1923, je me garderai d'affirmer, comme le fit naguère M. de Sartine, « qu'il n'est pas permis de penser que l'avenir puisse réserver quelque chose de mieux ».

II

APPLICATION DES PRINCIPES DE LA PHOTOMÉTRIE
A L'ÉTUDE DU PROBLÈME
DE L'ÉCLAIRAGE DES VOIES PUBLIQUES

On s'est longtemps contenté, dans l'étude des questions d'éclairage, et plus particulièrement d'éclairage public, de méthodes rudimentaires et quasi-empiriques. Cet état de choses n'a pris fin qu'au cours de la seconde moitié du XIXe siècle. Nous avons noté l'adoption, en 1861, d'un procédé de vérification du pouvoir éclairant du gaz reposant sur des données scientifiques. L'apparition de procédés d'éclairage nouveaux et l'utilisation de foyers de plus en plus puissants firent entrer les mesures photométriques dans la pratique courante. Les dispositifs expérimentaux n'ont d'ailleurs pas cessé de se perfectionner depuis quarante ans, en même temps que la définition des unités employées se précisait et que l'on disposait d'étalons plus commodes. Une description, même sommaire, des appareils utilisés en photométrie, sortirait du cadre de cette conférence ; je me bornerai à rappeler quelques principes essentiels, auxquels j'aurai à me référer dans la suite de mon exposé.

Grandeurs et unités utilisées en photométrie. — L'œil humain, très sensible aux impressions lumineuses, est incapable de les définir quantitativement. Il ne sait apprécier que l'égalité d'éclairement de deux surfaces contiguës éclairées par des lumières de même teinte. C'est sur cette faculté que reposent les définitions et les procédés de mesure de la photométrie.

On admet que la quantité de lumière émise par une source lumineuse ponctuelle, à l'intérieur d'un cône dont elle est le sommet, est une grandeur à laquelle on donne le nom de *flux lumineux*[1]. Si un élément de surface reçoit de la lumière émise par une source, il deviendra lui-même lumineux ; il sera *éclairé*. Si l'on dispose deux, trois, quatre sources identiques et identiquement placées par rapport à cet élément, celui-ci recevra une quantité de lumière — un flux — double, triple, quadruple. Il est naturel de dire que son *éclairement* est lui-même devenu double, triple, quadruple. L'éclairement d'une surface apparaît ainsi de lui-même comme une grandeur. Par définition, on appelle éclairement en un point d'une surface la densité de flux en ce point, ou le quotient du flux par l'aire de la surface lorsqu'elle est uniformément éclairée.

Une source lumineuse peut ne pas rayonner uniformément dans toutes les directions. Le flux total émis par une source ne suffit donc pas à la caractériser, et l'on est conduit à introduire une troisième grandeur, l'*intensité lumineuse* de la source, qui définit la puissance de celle-ci dans une direction déterminée. L'intensité lumineuse d'une source ponctuelle est le flux lumineux par unité d'angle solide, émis par la source dans la direction envisagée. On admet dans la pratique que le flux émanant d'une source de dimensions négligeables par rapport à la distance à laquelle on l'observe peut être considéré comme émanant d'un point.

L'égalité des éclairements produits par deux sources distinctes sur un élément plan dont elles sont également distantes, permet de conclure à l'égalité des intensités de ces sources — pour un couple de directions déterminées — et cela en vertu de la définition précédente.

Dès lors qu'on dispose d'un moyen de vérifier l'égalité des intensités lumineuses, il sera possible de réaliser des intensités croissantes, multiples d'une intensité choisie comme unité, en juxtaposant des sources d'intensité égale. Si l'on cherche à obtenir des éclairements égaux, sur un même écran, à l'aide de sources d'intensités différentes, inégalement distantes de cet écran, on constate

---

1. Le flux lumineux est défini dans le cas général d'une source de dimensions non négligeables — comme « le débit de l'énergie rayonnante, évalué d'après la sensation lumineuse qu'il produit » (Commission internationale de l'éclairage. Session de juillet 1921).

que les intensités de ces sources sont entre elles comme les carrés de leurs distances à l'écran :

$$\frac{I}{d^2} = \frac{I'}{d'^2} = \ldots\ldots \qquad = \text{etc.}$$

En vertu des définitions qui précèdent, cette constante mesure l'éclairement de l'écran E, à un facteur multiplicatif près.

Si l'on fait varier l'incidence des rayons lumineux en même temps que la distance des sources à l'écran, on vérifie plus généralement que :

$$\frac{I\cos\alpha}{d^2} = \frac{I'\cos\alpha'}{d'^2} = \ldots\ldots \qquad = E.$$

L'éclairement produit sur un écran par une source lumineuse est directement proportionnel à l'intensité de cette source et au cosinus de l'angle d'incidence ; il est inversement proportionnel au carré de la distance de la source au point dont on envisage l'éclairement.

On pourra, en s'appuyant sur les définitions et propositions qui précèdent, mesurer des intensités lumineuses et des éclairements, dès que l'on aura fixé les unités auxquelles on rapportera ces grandeurs. Ces unités ne seront d'ailleurs pas indépendantes en raison des définitions mêmes des grandeurs auxquelles elles se rapportent.

L'unité d'intensité lumineuse a été définie pendant longtemps, en France, par l'intensité horizontale d'une lampe Carcel brûlant 42 grammes d'huile de colza à l'heure. L'unité utilisée actuellement est la « *bougie internationale* », égale théoriquement au vingtième de l'étalon Violle au platine [1] et représentée pratiquement par des lampes étalons conservées dans les laboratoires nationaux de France, de Grande-Bretagne et des États-Unis.

L'unité de flux lumineux est le *lumen* ; c'est le flux émis, dans un angle solide égal à l'unité, par une source ponctuelle dont l'intensité uniforme est égale à une bougie. L'unité d'éclairement est le *lux*. C'est l'éclairement d'une surface de un mètre carré recevant un flux de un lumen uniformément réparti, ou l'éclairement

---

1. Adopté au Congrès des Electriciens de 1884 et défini comme l'intensité lumineuse émise dans la direction normale par un centimètre carré de platine à la température de solidification. L'étalon Violle équivaut environ à deux carcels.

uniforme produit sur la surface d'une sphère d'un mètre de rayon par une source ponctuelle uniforme d'une bougie internationale placée à son centre.

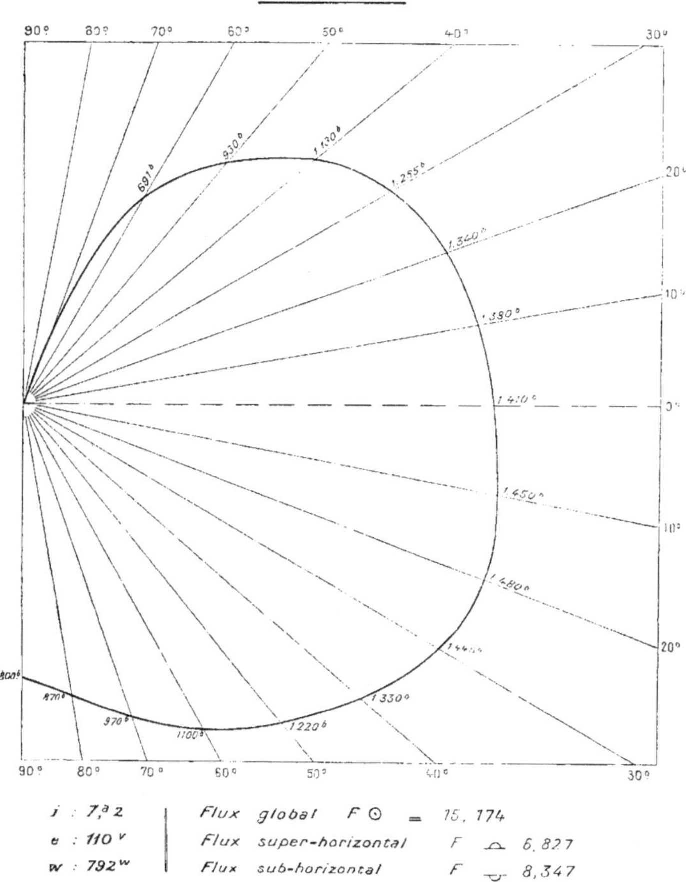

Fig. 27. — Lampe à incandescence de 1.500 bougies. — Distribution des intensités lumineuses.

En dehors des trois grandeurs fondamentales — flux, intensité, éclairement — on se préoccupe également, dans la pratique, d'une grandeur dérivée, que l'on désigne sous le nom d'éclat, ou de *brillance*. La brillance d'une source lumineuse non ponctuelle dans une direction, est le quotient de l'intensité lumineuse émise dans cette direction par l'aire apparente de la source. L'unité pratique de brillance est la bougie par centimètre carré.

Étude d'un projet d'éclairage. — On se préoccupe, en matière d'éclairage public, d'obtenir un bon éclairement du sol de la rue, de manière à en faire apparaître les accidents : bordures de trottoirs, dénivellations du revêtement, etc... Il est nécessaire, en outre, d'assurer la visibilité des passants et des voitures, et des divers obstacles qui se rencontrent sur la voie publique ; mais cette condition se trouve remplie, à fortiori, lorsque l'éclairement au sol est suffisant. Dès lors le problème qui se pose, lorsqu'on a à créer un éclairage nouveau ou à améliorer un éclairage préexistant, peut s'énoncer comme suit : « *réaliser un éclairement moyen horizontal donné, la dépense étant réduite au minimum.* »

Toute étude d'éclairage nécessite la détermination des éclairements théoriques dans toute l'étendue de la voie à éclairer. Cette détermination implique la connaissance préalable de l'intensité lumineuse des sources utilisées, pour toutes les directions situées au-dessous de l'horizontale. Il est donc nécessaire de posséder, pour chaque type de foyer, la courbe polaire de distribution des intensités (fig. 27), dont on a déterminé un certain nombre de points au laboratoire, par comparaison photométrique avec une source étalon. Si l'on s'est donné, par ailleurs, la hauteur et la position des foyers, on pourra déterminer sans difficulté l'éclairement horizontal en un point quelconque du sol par la formule $E = \Sigma \dfrac{I}{d^3} \cos \alpha$ ou par la formule équivalente, d'un emploi plus commode, $E = \Sigma \dfrac{I}{h^2} \cos^3\alpha$. On évite ces calculs, qui seraient assez laborieux, en déterminant, une fois pour toutes, le diagramme des éclairements produits par les divers types de foyers utilisés pour l'éclairage public, à des distances croissantes du pied du candélabre. La détermination des éclairements se trouve ainsi ramenée à de simples mesures graphiques.

Courbes isolux. — Lorsqu'on a évalué les éclairements produits par un système de foyers en un certain nombre de points

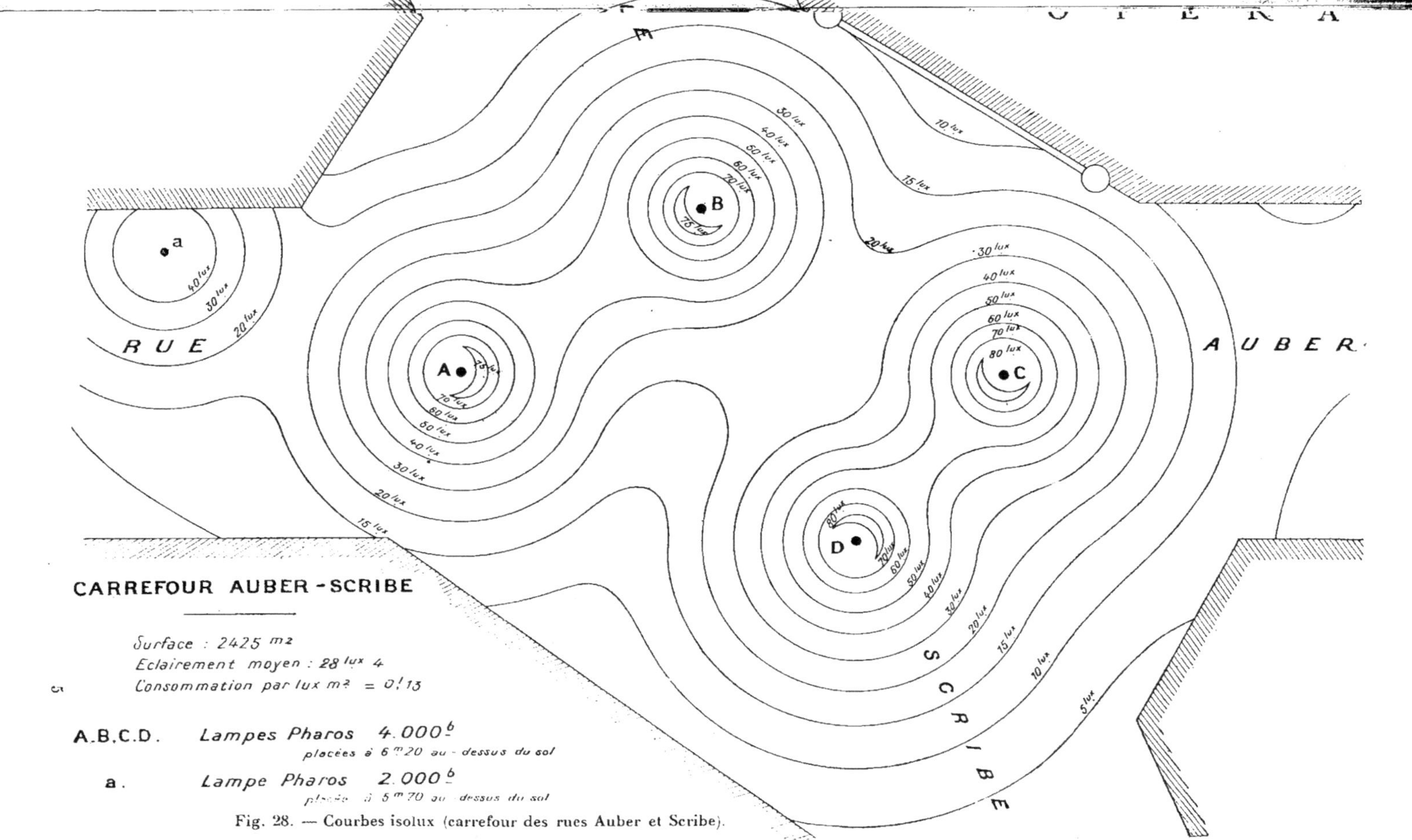

Fig. 28. — Courbes isolux (carrefour des rues Auber et Scribe).

suffisamment rapprochés, on relie par des courbes continues (fig. 28)
— dites *courbes isolux* — les points d'égal éclairement. On réalise ainsi une représentation très frappante de la répartition des
éclairements, à l'aide d'une surface topographique fictive, dont
les lignes isolux figurent les courbes de niveau. L'éclairement
moyen au sol dans une zone déterminée est défini par l'altitude
moyenne des points de la surface topographique fictive. Les zones
les plus brillamment éclairées correspondent aux sommets, et les
zones sombres aux dépressions. On doit éviter, autant que possible,
des reliefs trop accentués qui dénotent une mauvaise répartition
des éclairements. La succession de régions très éclairées et de plages
sombres produit un effet déplaisant; il peut même en résulter certains dangers, les alternatives continuelles de lumière et d'ombre
entraînant une fatigue visuelle prononcée pour les conducteurs
de véhicules rapides. Aussi est-il nécessaire, surtout dans la zone
des chaussées, que le rapport de l'éclairement le plus faible à l'éclairement moyen ne tombe pas au-dessous d'un certain minimum,
dont la valeur devra être d'autant plus voisine de l'unité que l'éclairage réalisé sera plus brillant.

La recherche de la solution optima, répondant à chaque cas
particulier, consiste dans une succession de tâtonnements métho-
diques au cours desquels on fait varier les divers paramètres dont
on peut disposer : puissance unitaire des foyers, forme des indicatrices, hauteurs et espacement des candélabres. Les dispositions
adoptées sont parfois étroitement conditionnées par certaines
sujétions locales. On peut cependant se laisser guider dans les
études de ce genre par certains principes généraux — basés sur
l'expérience — et qui abrègent les recherches.

Choix du type de foyer. — Un premier critérium de la valeur
d'un type de foyer peut être basé sur le coût horaire de ce foyer,
rapporté à une intensité moyenne sub-horizontale[1] égale à l'unité[2].

---

1. Le flux lumineux émis au-dessus de l'horizontale ne joue aucun rôle utile pour
l'éclairage de la chaussée. On cherche habituellement à le récupérer en faisant usage
de réflecteurs.

2. Ou, ce qui revient au même, à un flux sub-horizontal égal à un lumen. On a
d'ailleurs $F_{\mp}$ (flux sub-horizontal) $= 2\pi \, I_{\mp}$ (intensité moyenne sub-horizontale).
Lorsqu'on étudie la source lumineuse dépourvue de son habillage (réflecteurs,
globe, etc.), on se préoccupe habituellement du flux total (F_0) et de l'intensité
moyenne sphérique (I_0) entre lesquels existe la relation $F_0 = 4\pi \, I_0$

Un des éléments essentiels de la dépense de fonctionnement est
la consommation horaire d'énergie électrique ou de gaz par bougie
ou par lumen, qui est particulièrement faible lorsqu'on fait
usage de foyers puissants. Cette faible consommation spécifique
des gros foyers est une première raison qui milite en faveur de
leur adoption, lorsqu'on veut réaliser des éclairages brillants. Il
est d'ailleurs à peu près impossible, en pratique, de réaliser des
éclairements moyens élevés (plus de 2 à 3 lux), en faisant usage
de foyers de faible intensité [1] (moins de 300 bougies), car on se
trouverait amené à encombrer la voie publique d'un nombre d'appareils dont le coût d'entretien serait prohibitif. On est donc conduit à n'utiliser les sources faibles que dans les voies où l'on peut
se contenter d'un simple éclairage de sécurité. Si l'éclairement
requis dépasse 5 lux, il faut recourir aux foyers puissants (de 500
à 3.000 bougies), que les progrès récents de la technique de l'éclairage ont fait entrer dans la pratique courante.

Influence du relèvement de la source lumineuse. — L'emploi
de foyers puissants implique l'adoption de candélabres de hauteur
plus grande que ceux qui sont utilisés pour l'éclairage divisionnaire, et cela, pour deux raisons : la brillance des sources lumineuses augmente en général avec l'intensité et il est nécessaire
de les soustraire à la vision rapprochée, de manière à éviter
l'éblouissement des observateurs. En outre, le relèvement des
foyers améliore la répartition des éclairements au sol. Si l'on se
contentait, lorsqu'on veut réaliser une amélioration d'éclairage,
d'augmenter purement et simplement la puissance des foyers
sans exhausser leurs supports, l'éclairement minimum et l'éclairement maximum seraient augmentés dans le même rapport, en
même temps que leur différence, et les effets de contraste, dont
j'ai signalé plus haut les inconvénients, se trouveraient notablement accrus. Le relèvement des sources lumineuses n'est d'ailleurs pas le seul moyen dont on dispose pour réaliser une meilleure
répartition des éclairements au sol ; il existe un certain nombre
de dispositifs — réflecteurs, réfracteurs, etc..., — qui permettent
de modifier la distribution du flux, de manière à augmenter l'intensité lumineuse dans les directions voisines de l'horizontale,

1. Sauf indication contraire, les intensités dont il est question, dans ce qui suit,
sont des intensités moyennes sub-horizontales, c'est-à-dire des intensités utiles.

tout en diminuant l'intensité des rayons qui frappent le sol au voisinage immédiat de l'appareil.

Répartition des appareils. — On peut envisager plusieurs

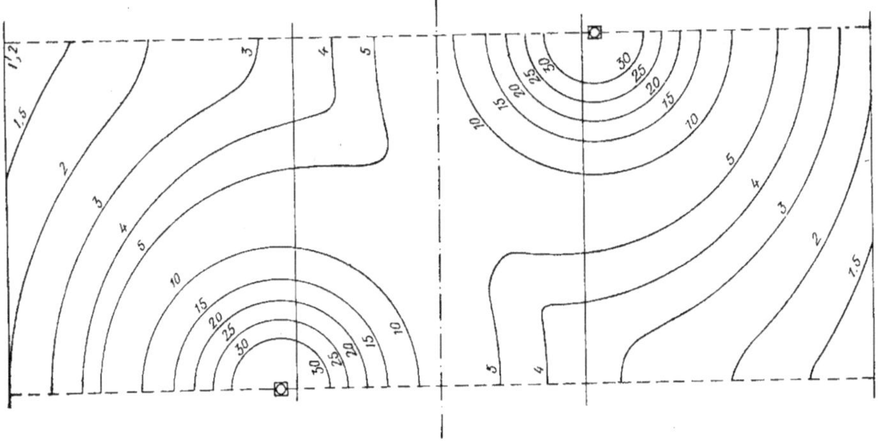

Nombre d'appareils nécessaires : 44
Consommation horaire : 30 m³ 8
Eclairement moyen général : 7 lux 5. — Eclairement minimum sur l'axe : 6 lux.

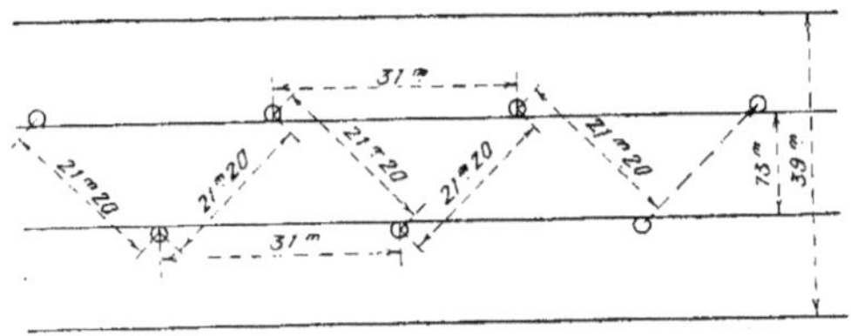

Fig. 29. — Dispositif en quinconce.

modes de répartition des foyers destinés à l'éclairage d'une rue, les appareils pouvant être disposés suivant une file axiale unique (candélabres sur refuges ou lampes suspendues à des fils transversaux) ou suivant deux files placées sur les trottoirs, le long des bordures. Avec cette dernière disposition, on peut placer les candélabres soit en quinconce, soit vis-à-vis.

Le dispositif axial constitue presque toujours la solution la plus économique, parce que le flux lumineux intercepté par les façades des immeubles riverains — en majeure partie perdu pour l'éclairage du sol — est alors peu important. Ce dispositif est particulièrement avantageux, au point de vue théorique, dans les voies

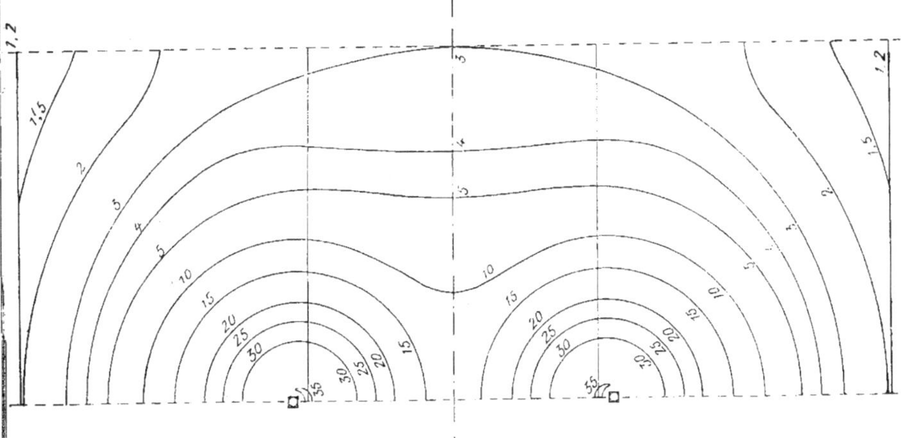

Nombre d'appareils nécessaires : 44
Consommation horaire : 30 m³ 8
Eclairement moyen général : 7 lux 5. — Eclairement minimum sur l'axe : 3 lux.

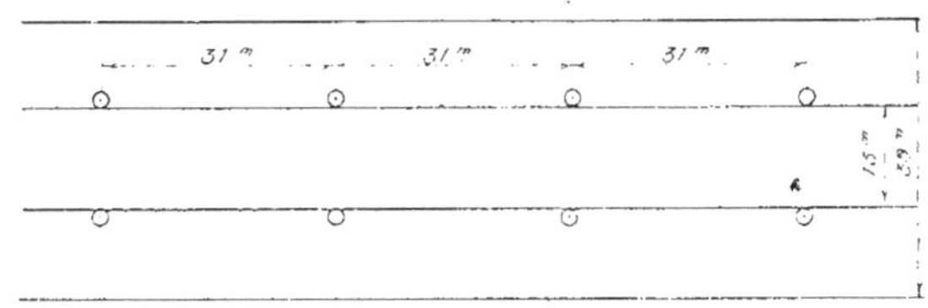

Fig. 30. — Dispositif vis-à-vis.

à trottoirs étroits. Mais on ne peut y recourir que très exceptionnellement, la largeur de la chaussée étant fréquemment insuffisante pour qu'on puisse y établir une file continue de refuges axiaux, et l'emploi de lampes suspendues à des fils transversaux n'étant admissible, à Paris, que dans un petit nombre de voies.

On se trouve donc conduit, dans la plupart des cas, à utiliser deux files d'appareils de rive (fig. 29 et 30). La disposition en quinconce est alors habituellement la plus recommandable [1], sauf dans les voies magistrales possédant des chaussées de très grande largeur, où il est fréquemment indiqué de recourir au vis-à-vis, pour des raisons d'esthétique.

Les méthodes et les principes que je viens d'exposer trouvent leur application constante dans le domaine de l'éclairage public, qu'il s'agisse de l'étude des perfectionnements à apporter aux appareils, de la recherche des moyens propres à en assurer la meilleure utilisation, **ou du** contrôle de leur fonctionnement régulier. J'aurai l'occasion **de** m'y référer à plusieurs reprises, dans la dernière partie de cette conférence.

1. Pour un même nombre d'appareils, le quinconce assure une meilleure répartition des éclairements que le vis-à-vis, la valeur moyenne de l'éclairement étant d'ailleurs la même dans les deux cas.

III

L'ÉCLAIRAGE PUBLIC AU DÉBUT DU XXᵉ SIÈCLE

L'un des buts que l'on doit se proposer, en matière d'éclairage public, est l'atténuation des effets de contraste. On ne peut songer, cependant, à réaliser un éclairage uniforme dans toute l'étendue d'une ville comme Paris. L'inégalité des besoins à satisfaire et la nécessité de maintenir les dépenses de l'éclairage public dans des limites raisonnables ont conduit à répartir les rues en deux classes, dont les modes d'éclairage sont assez nettement différenciés. Les modes d'éclairage dits « intensifs » sont réservés aux voies rangées dans la première classe, dont le nombre n'a cessé de s'accroître depuis vingt-cinq ans : rues passagères des quartiers du centre, grandes artères empruntées par de forts courants de circulation, voies magistrales qui sont la parure de la cité. La seconde classe comprend les voies de moindre importance, où l'on ne cherche à réaliser qu'un éclairage de sécurité.

On peut accuser plus nettement cette division, en adoptant comme critérium de la valeur d'un éclairage la moyenne des éclairements réalisés au sol. L'éclairage intensif, qui implique l'utilisation de gros foyers alimentés au gaz surpressé ou à l'électricité, correspond à des éclaircments moyens horizontaux qui atteignent habituellement une dizaine de lux, sans descendre au-dessous de cinq à six lux dans les voies les moins bien partagées. Avec l'éclairage divisionnaire, qui subsiste dons les voies secondaires, l'éclairement moyen n'atteint que très exceptionnellement deux lux et se tient habituellement au-dessous de un lux. L'éclairement minimum tombe fréquemment au-dessous de 0,2 lux, qui est la valeur de l'éclairement produit par un beau clair de lune, avec un ciel sans nuages.

L'ÉCLAIRAGE DIVISIONNAIRE

L'éclairage divisionnaire reste exclusivement assuré, à l'heure actuelle, par des appareils à gaz [1], branchés sur les mêmes canalisations que les immeubles bordant les voies publiques. Les types de candélabres, les modèles de lanternes et la répartition des appareils n'ont pas subi de modifications appréciables [2], au cours des trente dernières années ; par contre, les becs à flamme libre on été progressivement remplacés, de 1894 à 1902, par des brûleurs pourvus de manchons à incandescence, dont le rendement est beaucoup plus avantageux.

Eclairage à incandescence par le gaz à basse pression. — Avec les anciens becs — becs papillons, becs intensifs, becs à récupération — la lumière est produite par des particules de carbone portées à l'incandescence [3], mais cette incandescence ne subsiste que pendant un temps très court pour chaque particule de carbone, et il est nécessaire de ne réaliser qu'une combustion incomplète pour ne pas faire disparaître la luminosité de la flamme. Si on cherche, au contraire, à utiliser pour l'éclairage une flamme très chaude, telle qu'on l'obtient avec un bec Bunsen à mélange préalable d'air et de gaz, il est nécessaire de porter à l'incandescence une matière solide et réfractaire susceptible d'atteindre très rapidement la température du blanc et douée d'un grand pouvoir émissif.

On sait que la solution du problème de l'incandescence par le gaz fut trouvée en 1885 par le docteur Auer Von Welschbach, qui inventa le manchon, treillage léger constitué par des oxydes de métaux rares [4], portés à l'incandescence par la flamme d'un brû-

---

1. Il existait, au 31 décembre 1922, 47.249 appareils à gaz à basse pression. comportant 50.586 brûleurs. Débit horaire global : 4.880 mètres cubes de gaz. — Débit annuel : 14.753.230 mètres cubes.

2. On a cessé, depuis 1898, de procéder au cuivrage galvanoplastique des candélabres, cette opération étant extrêmement coûteuse. On se contente actuellement de recouvrir les candélabres de quatre couches de peinture : une couche de minium, deux couches de « bronze galvanique », une couche de glacis. On rehausse ensuite les parties saillantes pour leur donner un aspect métallique.

3. Et qui proviennent de la décomposition des benzols et des carbures contenus dans le gaz.

4. A l'heure actuelle, on n'emploie guère que les oxydes de thorium et de cérium

leur Bunsen. La mise au point de la nouvelle invention fut assez laborieuse, et ce n'est qu'à partir de 1891 que le bec Auer commença à se substituer, pour l'éclairage privé, aux becs à double courant d'air précédemment en usage.

En 1894, un premier essai fut réalisé sur la voie publique, qui portait sur les 120 appareils installés avenue de la Grande-Armée. Des becs Auer de 115 litres-heure, avec manchons droits, de forme tronconique, furent installés aux lieu et place des becs papillons de 140 litres préexistants. Ces appareils donnaient une intensité horizontale de 41 bougies [1], quatre fois supérieure à celle des becs papillons. En se basant sur l'intensité sub-horizontale inférieure moyenne, le rendement lumineux obtenu était 4,2 fois supérieur à celui du bec papillon et dépassait le double de celui des becs intensifs [2]. L'essai fut progressivement étendu à un certain nombre d'autres voies contenant près de 1.500 appareils ; les résultats furent considérés comme satisfaisants et l'emploi des becs à incandescence se développa rapidement à partir de 1897. Dès la fin de 1899, il y en avait plus de 12.000 en service ; deux ans plus tard, leur nombre était passé à 40.281 sur 50.902 appareils existants dans Paris. En 1902, il ne subsistait plus que quelques centaines de becs papillons. En même temps que le nombre des nouveaux becs augmentait, la technique de l'éclairage à l'incandescence s'était peu à peu perfectionnée. Les manchons étaient devenus moins fragiles [3] et le rendement lumineux s'était amélioré grâce à certaines modifications apportées aux brûleurs et aux chemi-

---

(99,2 p. 100 de thorium et 0.8 p. 100 de cérium). Le thorium a un pouvoir émissif faible pour toutes les radiations et prend rapidement une haute température, mais il est peu lumineux. Au contraire, le cérium a un pouvoir émissif assez élevé et rayonne fortement la chaleur. En formant un mélange intime de thorium et de cérium (par évaporation de leurs sels en dissolution), on réalise une association qui possède les qualités des constituants sans en avoir les inconvénients : le cérium atteint une haute température grâce au thorium et brille à ce moment d'une vive lumière parce qu'il se trouve porté à une température convenable pour exalter son rayonnement lumineux.

1. Mesuré avec des manchons ayant brûlé 290 heures.

2. Avenue de la Grande-Armée, l'introduction du bec Auer fit passer l'éclairement minimum au sol de 0,01 à 0,07 et l'éclairement moyen de 0,11 à 0,36.

3. Les constructeurs se sont d'ailleurs ingéniés à atténuer les effets destructeurs dus aux vibrations, en munissant les brûleurs d'antitrépidateurs de modèles variés.

La consommation par bec et par an atteignait en moyenne 6 manchons en 1913, soit environ 500 heures par manchon. Elle est montée après la guerre jusqu'à 8 manchons et demi, en raison de la mauvaise qualité des manchons, pour retomber à 7 en 1922.

nées[1] en vue de relever la température de la flamme, et à un choix plus judicieux des métaux rares utilisés pour la confection des manchons. Aussi, avait-il été possible, dès 1898, d'abaisser de 115 à

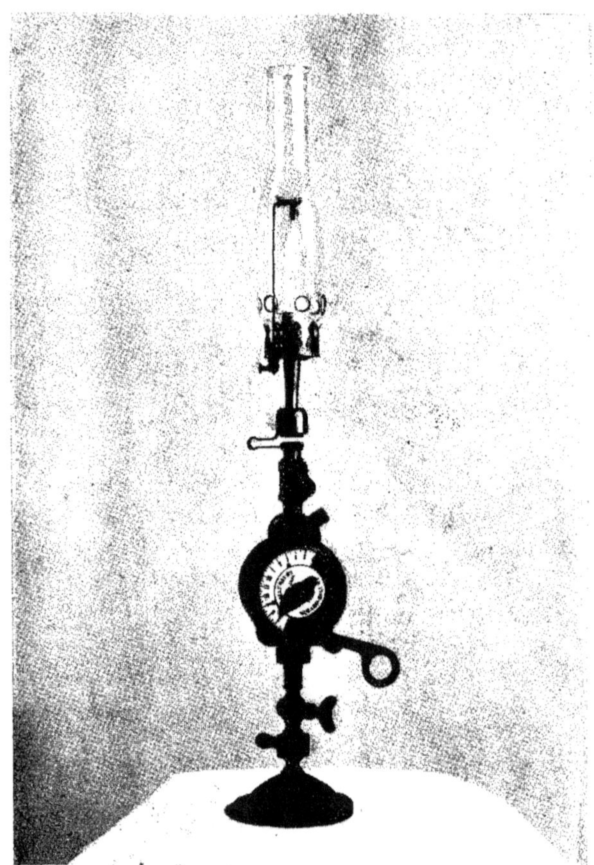

Fig. 31. — Bec à incandescence droit de 30 litres de débit horaire.

1. Les modifications apportées aux brûleurs ont eu pour effet d'augmenter le volume d'air entraîné, de manière à se rapprocher de la proportion nécessaire à la combustion complète, et d'assurer un mélange plus intime du gaz et de l'air. L'emploi de cheminées à trous (Schott-Iéna), assurant une venue d'air secondaire à hauteur du manchon, a également contribué à l'amélioration de la combustion et au relèvement du degré d'incandescence.

100 litres la consommation horaire des becs d'usage courant. L'apparition de nouveaux types de brûleurs encore plus économiques [1] (fig. 31 et 32) permit, à partir de 1905, d'effectuer une nouvelle réduc-

BRULEUR DE 80 LITRES _ UNIBEC

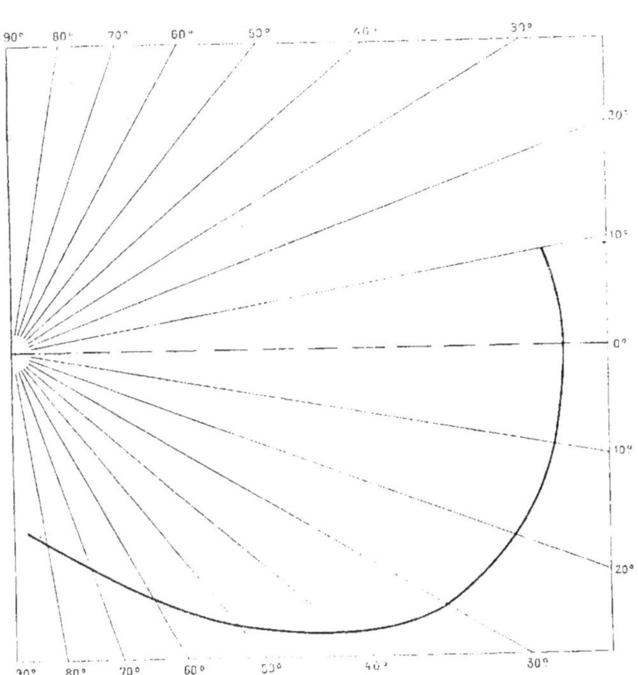

Fig. 32. — Courbe polaire de distribution des intensités lumineuses d'un bec à incandescence droit.

tion du débit des becs — qui fut désormais fixé à 80 litres — sans qu'il en résultât de diminution de l'intensité lumineuse. Ces becs de 80 litres — qui sont les plus nombreux à l'heure actuelle —

1. Becs Denayrouze, N. B. I., Kern, Visseaux, Orel, Méker.

ont une intensité sub-horizontale moyenne de 50 bougies environ [1]. La consommation spécifique de gaz — 1[1],6 environ [1] par bougie-heure utile — est inférieure de 50 p. 100 à celle des premiers becs Auer utilisés sur la voie publique, et de 85 p. 100 à celle des becs papillons. Avec ces nouveaux becs, la bougie-an [2] ne revenait, avant la guerre, qu'à 1 fr. 94 environ contre 12 fr. 63 avec les becs papillons. Le foyer-an coûtait 96 fr. 75 contre 126 fr. 26 pour un appareil pourvu d'un bec papillon, ces dépenses annuelles se décomposant comme suit :

	CANDÉLABRE pourvu d'un bec à incandescence de 80 litres.	CANDÉLABRE pourvu d'un bec papillon de 140 litres.
Fourniture du gaz (à 0 fr. 15 le mètre cube)	45 fr. 53	79 fr. 67
Entretien.	47 fr. 29	46 fr. 59
Coût des manchons et cheminées :		
6, 03 manchons par an à 0 fr. 50. . ⎫ 5, 08 cheminées par an à 0 fr. 18. . ⎭	3 fr. 93	»
Dépense annuelle totale. . .	96 fr. 75	126 fr. 26
Intensité sub-horizontale moyenne.	50 bougies.	10 bougies.

La généralisation de l'emploi des becs à incandescence entraîna une diminution sensible de la consommation de gaz pour l'éclairage public, qui tomba de 27.950.000 mètres cubes en 1897 pour 53.440 appareils (dont 1.472 seulement pourvus de manchons à incandescence), à 17.690.000 mètres cubes, en 1910, pour 53.973 foyers, dont 1.294 restaient munis de becs papillons. La diminution de la consommation ressortait donc à 35 p. 100 pour une augmentation de près de 500 p. 100 de l'intensité lumineuse globale des appareils.

Il n'a été question, dans ce qui précède, que du brûleur du type le plus courant, dont l'intensité lumineuse est voisine de 50 bougies. On s'était préoccupé, dès les débuts de l'éclairage par manchons à incandescence, de réaliser des foyers plus puissants destinés à se substituer aux becs à récupération utilisés dans les

---

1. Compte tenu de l'absorption due à la présence de la lanterne.
2. Pour 3.794 heures de fonctionnement annuel.

grandes voies et sur certains points spéciaux (refuges, carrefours, etc...). Divers types de brûleurs à gros débit (Denayrouze, 270 litres ; Auer, 300 litres, etc...), donnant de 150 à 220 bougies, furent créés à cet effet. En groupant plusieurs manchons dans une même lanterne, on obtint des intensités lumineuses dépassant 400 bougies [1], supérieures à celles des plus gros foyers à récupération, qui disparurent dès 1899.

Le rendement des brûleurs à gros débit était beaucoup moins satisfaisant que celui des becs de calibre courant ; aussi a-t-on complètement cessé de les utiliser depuis l'apparition des becs à manchons renversés. On ne dépasse pas, à l'heure actuelle, avec les brûleurs à manchons droits, un débit horaire de 150 litres, qui permet d'obtenir une intensité sub-horizontale moyenne de 90 bougies environ. Avec des foyers de cette puissance, on peut atteindre des éclairements voisins de un lux, sans diminuer outre mesure l'espacement des appareils. Lorsqu'on veut réaliser des éclairages un peu plus brillants, on est assez fréquemment amené à utiliser des appareils multiples (bi-becs et plus rarement tri-becs) (fig. 33 et 33 *bis*), dont le rendement est médiocre [2] — les manchons se masquant mutuellement —, mais qui présentent l'avantage de pouvoir fonctionner en service réduit, en fin de nuit, au moment où la circulation est peu active.

La répartition des éclairements au sol est meilleure avec les becs à incandescence à manchons droits qu'elle ne l'était avec les becs papillons, l'éclairement minimum descendant rarement au-dessous du cinquième de l'éclairement moyen [3]. On pourrait songer à l'améliorer, en faisant usage de réflecteurs de forme rationnelle [4], mais le progrès réalisé serait surtout théorique. S'il est intéressant d'unifor-

---

1. 415 bougies pour un débit horaire de 3×250 litres. On utilisa, pour l'éclairage de l'Exposition de 1900, des bouquets de 5 manchons, consommant 1.250 litres à l'heure et donnant 600 bougies.

2. L'intensité d'un tri-bec de 3×80 litres n'est que 2,5 fois celle d'un uni-bec 80 litres. Celle d'un bi-bec 2×150 litres n'est que 1,7 fois celle d'un uni-bec 150 litres.

3. Alors qu'il tombait fréquemment au septième avec les becs papillons dont l'indicatrice était circulaire, tandis que celle des becs à manchons droits comporte un minimum au voisinage de la verticale.

4. L'usage des réflecteurs, qui avait commencé à se répandre avec les becs papillons, est devenu général depuis l'introduction de l'éclairage à incandescence. Mais on se contente de simples réflecteurs plats en porcelaine, qui n'ont d'autre effet que de récupérer le flux émis dans l'hémisphère supérieure, sans améliorer la forme de la courbe polaire de distribution.

miser les éclairements au sol, lorsque l'éclairement moyen atteint

Fig. 33. — Appareil bi-bec.

des valeurs élevées, il en est tout autrement lorsque l'éclairement
maximum est faible. Il est nécessaire, dans ce cas, que l'éclairage

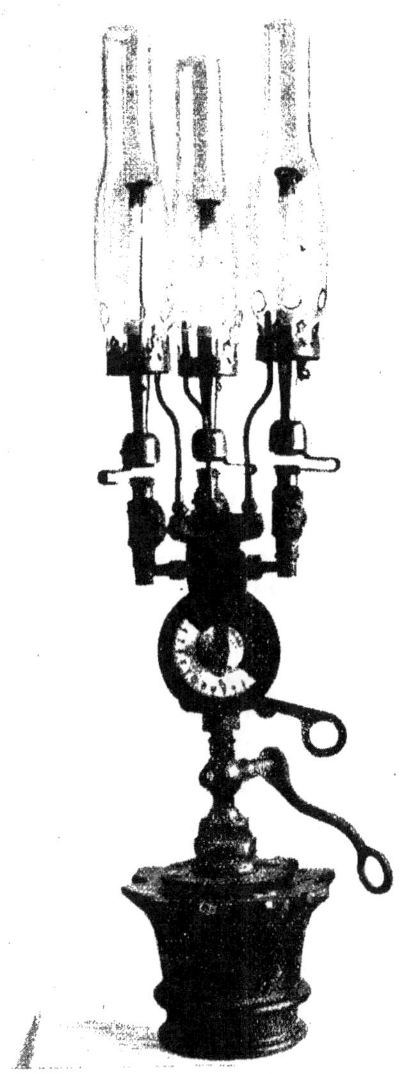

Fig. 33 *bis*. — Appareil tri-bec.

obtenu au voisinage immédiat des appareils soit suffisamment brillant pour permettre de distinguer les détails d'un obstacle (refuge, etc...) et pour que la lecture soit possible, tout au moins dans un faible rayon autour de chaque candélabre ; en réalisant un éclairement au sol uniforme, on diminuerait la valeur, déjà peu élevée, de l'éclairement maximum. L'éclairage réalisé aurait une apparence sépulcrale et perdrait beaucoup de son efficacité.

Pour que les appareils à incandescence aient un rendement satisfaisant, en service régulier, il est nécessaire que le débit ne subisse pas de variations de forte amplitude, les brûleurs fonctionnant mal lorsqu'on s'écarte du débit en vue duquel ils ont été réglés. On fait usage, dans ce but, sur les appareils à gaz à basse pression, d'un petit régulateur auquel on a donné le nom de *rhéomètre* [1], qui maintient les variations du débit à l'injecteur dans des limites acceptables.

La conduite et l'entretien des appareils, dont le soin avait été confié, par la convention de concession, à la Compagnie Parisienne, sont assurés, depuis l'organisation de la Régie intéressée du Gaz, par la Société du Gaz de Paris [2]. Celle-ci dispose, pour ce service, d'une petite armée d'ouvriers, dénommés allumeurs, chargés de l'allumage et de l'extinction des appareils (fig. 34), du maintien en état de propreté des candélabres, lanternes, verres et réflecteurs, du remplacement des manchons et cheminées, etc... Les fonctions des allumeurs se sont quelque peu modifiées au cours de ces dernières années, par suite de l'adoption d'allumeurs-extincteurs automatiques à horloge (fig. 33), dont il en existe actuellement plus de 50.000 en service. L'introduction de ces appareils, dont le fonctionnement est suffisamment régulier, sans être parfait [3], a permis de réduire de 54 p. 100 l'effectif du personnel affecté au service des appareils à basse pression.

1. Tant que l'excès de la pression amont sur la pression aval reste inférieur à 10 millimètres d'eau, l'appareil reste inerte. Si l'excès de pression dépasse 10 millimètres sans atteindre 70 millimètres, la constance du débit est assurée à 8 p. 100 près. Comme l'éjecteur est réglé en vue de donner le débit normal sous une pression de 50 millimètres, on voit que le système « rhéomètre-éjecteur » fonctionne à débit sensiblement constant lorsque la pression *absolue* en amont du rhéomètre se trouve comprise entre 60 et 120 millimètres d'eau.

2. La S. G. P. est chargée, depuis la fin de 1921, de la gestion du Magasin de l'Eclairage public, qui relevait antérieurement du Service Municipal. Depuis la même date, la S. G. P. est également chargée de la fourniture des manchons à incandescence.

3. Un des inconvénients de l'allumage automatique est de nécessiter l'emploi d'une veilleuse qui consomme environ 15 litres de gaz à l'heure.

Les appareils à manchons renversés. — Bien que l'éclairage au gaz à basse pression soit condamné à ne jouer désormais qu'un rôle assez effacé, en raison du développement de l'éclairage intensif, on ne peut, cependant, se désintéresser des progrès dont ce mode d'éclairage reste susceptible.

Fig. 34. — Allumage à la perche.

La substitution aux manchons droits de manchons renversés, de forme hémisphérique, permet d'assurer le réchauffage préalable du mélange d'air et de gaz envoyé au brûleur : grâce à ce réchauffage, la température de la flamme se relève et l'éclat du manchon augmente. Certains types d'appareils à manchons renversés avec

6

réchauffage préalable ont été expérimentés à Paris, avant la guerre
les résultats obtenus avaient été encourageants. On a reconnu,
depuis lors, en Angleterre, où l'emploi d'appareils à manchons
renversés est devenu à peu près général, que les meilleurs rende-

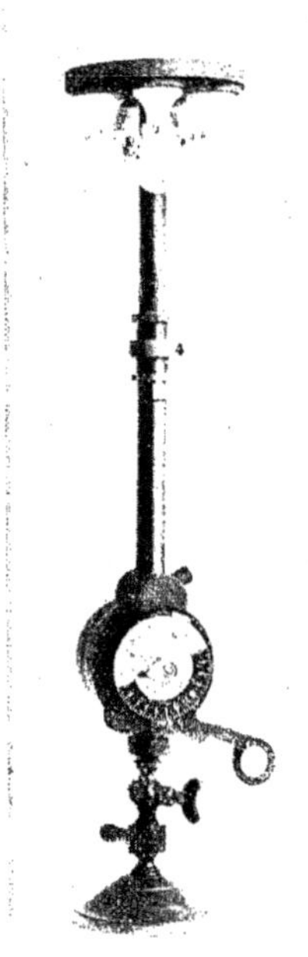

Fig. 35. — Appareil pen-
tabecs à manchons ren-
versés de 250 litres de
débit horaire.

ments lumineux et les plus faibles dépenses
de remplacement des manchons résultaient
de l'emploi de bouquets de brûleurs de
faible débit unitaire, avec chambre de
mélange collective dans laquelle le gaz et
l'air s'unissent intimement tout en prenant
une surchauffe notable. Des foyers répondant à ces caractéristiques — et comportant de 3 à 7 brûleurs de 50 litres de
débit unitaire — seront prochainement
utilisés à Paris (fig. 35 et 36). En raison de
leur bon rendement [1] et de leur puissance
lumineuse relativement élevée [2], ces appareils sont susceptibles de rendre de grands
services. En les substituant purement et
simplement aux becs droits existants, on
pourra réaliser des améliorations sensibles [3] de l'éclairage de certaines voies à
circulation moyenne qui paraissent aujour-
d'hui obscures, par effet de contraste, à
côté des grandes artères dotées de l'éclairage intensif. Ces améliorations n'entraî-
neront d'ailleurs que des dépenses de
premier établissement peu importantes,
l'emploi de sources de 200 à 300 bougies
étant compatible avec le maintien des

candélabres de faible hauteur.

---

1. Un litre de gaz par bougie-heure environ.

2. Plus de 300 bougies avec 7 manchons.

3. L'emploi de foyers de 250 bougies permet de réaliser très facilement des éclairements moyens de 2 à 3 lux, les appareils conservant les espacements courants
(25 à 35 mètres).

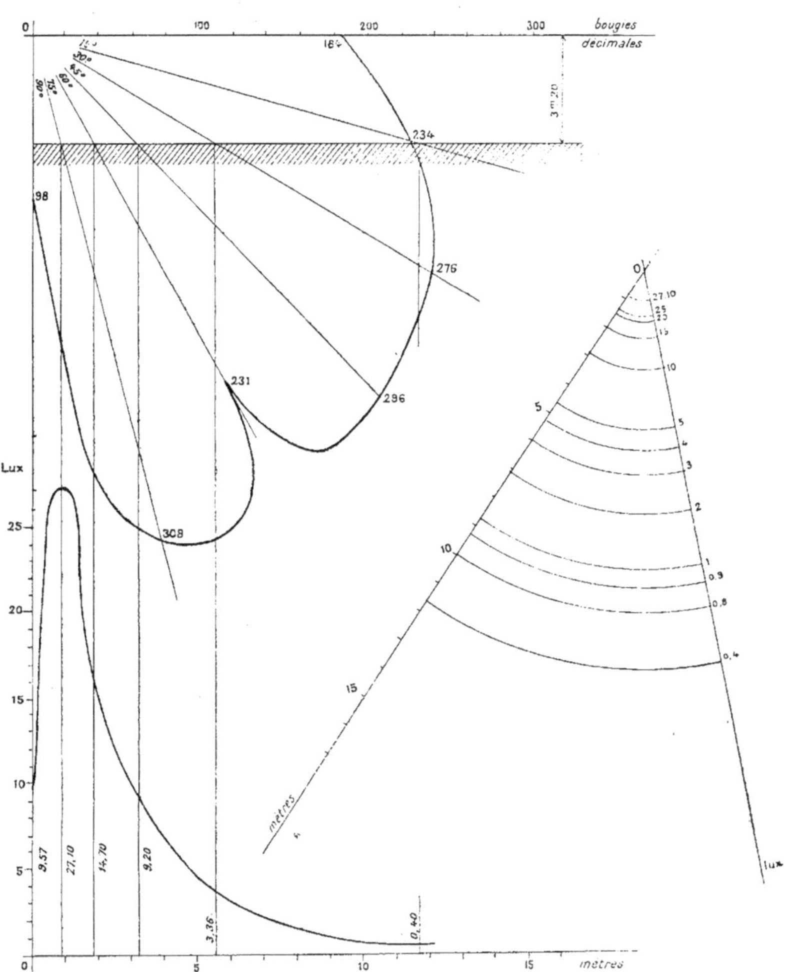

Fig. 36. — Appareils à manchons renversés.
Distribution des intensités lumineuses.

L'ÉCLAIRAGE INTENSIF

Trois modes d'éclairage intensif sont utilisés à Paris, à l'heure actuelle : l'éclairage par lampes à arc en vase clos, l'éclairage au gaz surpressé et l'éclairage électrique par lampes à incandescence à atmosphère gazeuse.

Éclairage électrique par lampes à arc. — Les applications de l'éclairage électrique par lampes à arc restèrent peu nombreuses tant qu'il fut nécessaire d'établir pour chaque installation une petite station productrice de courant. La création de réseaux publics de distribution, qui fut autorisée par le Conseil municipal en 1889 [1], permit de développer largement l'emploi de l'électricité en matière d'éclairage public. Le nombre des foyers électriques installés sur la voie publique et dans les parcs et jardins qui n'atteignait pas la centaine en 1889, passa à 459 en 1894, à 1.718 en 1900, pour atteindre 2.042 en 1910, au moment de l'apparition de l'éclairage au gaz surpressé.

On ne fit usage jusqu'en 1904 que de lampes à arc à électrodes en carbone, fonctionnant à l'air libre. On pouvait réaliser, avec ce type de lampes, des foyers dont l'intensité moyenne dépassait 500 bougies [2], ce qui permettait d'obtenir des éclairements moyens de 3 à 4 lux dans les voies les plus brillamment éclairées (Grands Boulevards, rue Royale). Ces éclairements étaient très supérieurs à ceux qu'il était possible de réaliser avec les becs de gaz à récupé-ration (1,3 lux rue du Quatre-Septembre) ; l'éclairage électrique était d'ailleurs plus économique [3], malgré le prix élevé du courant.

---

1. Paris fut alors divisé en six secteurs dont l'exploitation fut confiée, pour dix-huit ans, à des sociétés concessionnaires placées sous le contrôle de l'Administration. On créa, en même temps, dans les sous-sols des Halles, une Usine électrique Municipale, exploitée en régie directe, et qui devait assurer l'éclairage des Halles et des rues adjacentes. L'exploitation de cette usine devait permettre de se rendre compte du prix de revient de l'énergie électrique et de comparer les avantages des diverses solutions qui s'offraient alors, tant au point de vue de la nature du courant produit que des conditions de distribution.

2. L'arc à courant continu de 10 ampères donnait 525 bougies, compte tenu de l'absorption due à la présence d'un globe en verre opalin. L'intensité maxima correspondait à une direction inclinée de 50° sur l'horizontale : aussi la répartition des éclairements au sol était-elle assez peu satisfaisante.

3. En 1894, le prix de la bougie-heure atteignait 1,39 millime avec le bec à récupération de 750 litres, contre 0,77 millime avec l'arc à courant continu débitant 10 ampères, le courant étant décompté à 0,76 le kw-h. et le gaz à 0 fr. 15 le mètre cube.

La consommation spécifique des arcs à électrodes en carbone fonctionnant à l'air libre était très inférieure à celle des ampoules à incandescence à filament de charbon. Elle dépassait cependant 1,3 watt par bougie sub-horizontale, lorsque la lampe était pourvue d'un globe en verre opalin, précaution indispensable en raison de la valeur élevée de la brillance de l'arc nu : plus de 2.000 bougies par centimètre carré.

La lumière produite par l'arc à électrodes en charbon pur provient à peu près exclusivement de l'incandescence des électrodes [1] ; l'arc lui-même est peu lumineux ; il apparaît comme une flamme violette, ovoïde, rayée de temps en temps par des particules lumineuses s'élançant d'un charbon à l'autre. Pour améliorer le rendement lumineux, on a eu l'idée d'ajouter des substances minérales (sels métalliques) aux électrodes en charbon ; ces substances minérales sont vaporisées en proportion bien plus forte qu'il ne serait nécessaire pour amener le passage du courant à travers l'arc par transport des ions. Bombardées par les ions, les molécules neutres sont portées à l'incandescence ; la flamme de l'arc devient lumineuse et la consommation spécifique s'abaisse. Le choix des substances les plus favorables à la production d'une flamme éclairante et l'incorporation de ces matières aux électrodes en charbon ont exercé la sagacité de nombreux inventeurs, parmi lesquels figure au premier rang l'illustre électricien français Blondel. Ces recherches ont conduit à faire entrer dans la constitution des électrodes des sels de calcium, de strontium et de baryum [2]. Ces sels, qui, à la température relativement faible du chalumeau oxhydrique donnent une teinte rougeâtre, produisent dans l'arc, dont la température dépasse 3.000°, des radiations beaucoup plus avantageuses concentrées dans la partie du spectre qui correspond au maximum de sensibilité de l'œil humain. Pour la constitution des électrodes on a recouru, tantôt à des charbons minéralisés de manière homogène dans la masse entière (Bremer), tantôt à des charbons dits

---

1. Lorsque l'arc fonctionne en courant continu, c'est l'anode positive qui émet le plus de lumière. Avec du courant alternatif, les deux électrodes sont portées au même degré d'incandescence mais leur éclat est moins vif ; la consommation spécifique est alors plus forte.

2. Le mélange thorium-cérium, utilisé à la fabrication des manchons à incandescence et qui produit des radiations très avantageuses à la température relativement basse du bec Bunsen, ne donne, à la température de l'arc, que des rayons beaucoup plus réfrangibles et, par conséquent, peu éclairants.

à mèche constitués par une pâte tendre additionnée de matières

Fig. 37 a. — Lampe à arc à charbons minéralisés en vase clos (Bardon-carbone).

minérales, tantôt à des charbons à deux zones formés d'un noyau minéralisé d'une manière homogène, entouré d'une enveloppe en charbon pur (Blondel).

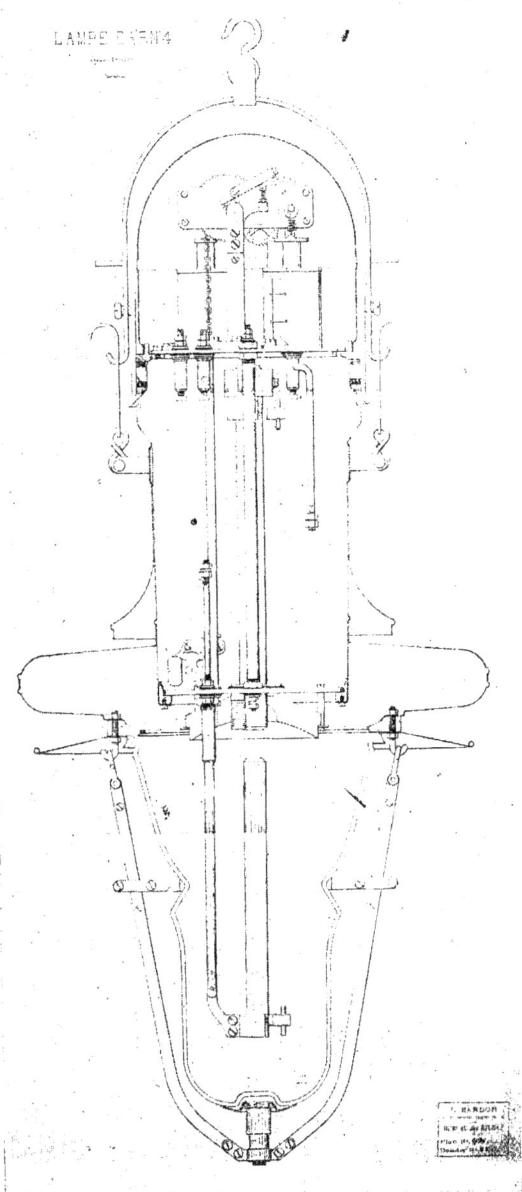

Fig. 37 b.

L'arc *carbo-minéral*, que l'on a utilisé à Paris, à partir de 1904 [1] possédait des charbons à noyau minéralisé, dont l'usure est moins rapide que celle des charbons à mèche et qui produisent moins de scories que les charbons minéralisés sans enveloppe. L'arc carbominéral avait un rendement excellent ; la consommation spécifique n'atteignait pas 0,5 watt par bougie sub-horizontale pour les arcs alimentés en courant continu ; avec du courant alternatif, la consommation était un peu plus élevée, tout en restant beaucoup plus faible qu'avec l'arc à électrodes en charbon pur. La couleur de la lumière obtenue variait avec la nature des sels incorporés dans les électrodes, l'introduction de fluorure de calcium donnant une lumière jaune et les sels de strontium colorant l'arc en rouge. En ajoutant aux sels de strontium des sels de baryum, on obtenait une lumière blanche. Mais ces couleurs étaient changeantes et la lumière de l'arc carbo-minéral manquait de stabilité.

L'arc carbo-minéral présentait une supériorité marquée sur l'arc à électrodes en charbon pur. Il possédait, cependant, un certain nombre d'inconvénients assez sérieux : l'usure des charbons minéralisés était plus rapide [2] qu'avec les charbons ordinaires et, comme le prix de ces charbons était relativement élevé, le coût de leur renouvellement devenait très important. En outre, la combustion des charbons minéralisés était accompagnée d'un dégagement abondant de fumées blanches dont l'évacuation était incomplète ; ces fumées se déposaient en partie sur les parois du globe, qui s'obscurcissait peu à peu ; il en résultait une diminution du rendement lumineux. La lampe à arc *en vase clos* à charbons minéralisés (modèle Bardon-carbone), qui éliminait ces divers inconvénients, se substitua, en 1913, à l'arc carbo-minéral. Elle est exclusivement utilisée, à l'heure actuelle, dans les voies pourvues de l'éclairage par arcs.

La lampe Bardon-carbone (fig. 37) utilise des charbons minéralisés, comme la lampe carbo-minéral ; mais l'usure de ces charbons est beaucoup plus lente [3], l'arc étant enfermé dans une cap-

1. Le nombre des lampes à arc « carbo-minéral » atteignait 732 à la fin de 1912, sur 2.269 foyers à arc en service. On avait tiré parti de l'adoption des lampes « carbo-minéral » pour relever la valeur des éclairements obtenus, tout en diminuant la consommation de courant.

2. L'intervalle entre deux remplacements successifs ne dépassait pas 13 heures, au lieu de 16 avec l'arc à électrodes en charbon pur.

3. Avec la lampe Barbon-carbone, la durée des charbons dépasse 90 heures en courant continu et 110 heures en courant alternatif.

LAMPE à ARC EN VASE CLOS
à CHARBONS MINÉRALISÉS

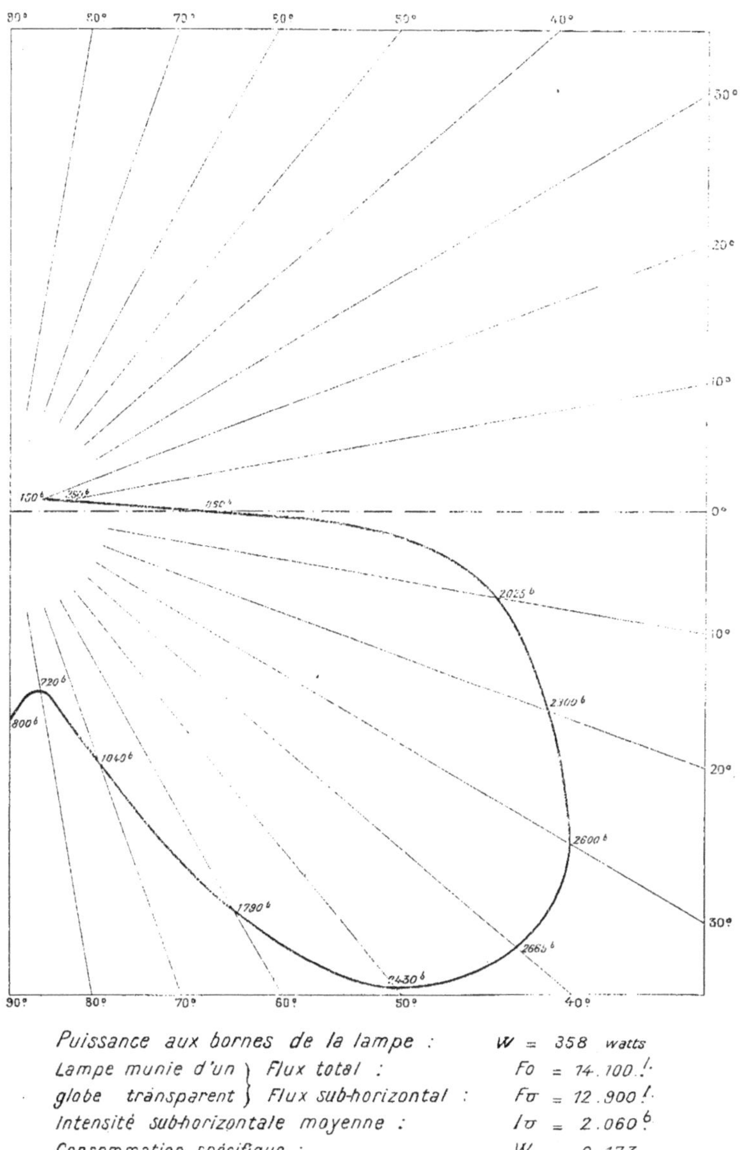

Puissance aux bornes de la lampe : $W = 358$ watts

Lampe munie d'un globe transparent } Flux total : $F_0 = 14.100\,{}^{l}$

Flux sub-horizontal : $F_\sigma = 12.900\,{}^{l}$

Intensité sub-horizontale moyenne : $I_\sigma = 2.060\,{}^{b}$

Consommation spécifique : $\dfrac{W}{I_\sigma} = 0,173$

Fig. 38. — Lampe Bardon-carbone. — Distribution des intensités lumineuses.

sule de verre, qui ne communique avec l'air extérieur que par des évents de faible section que l'on peut obturer plus ou moins complètement. Grâce à cette disposition, l'air contenu dans la capsule se dilate au moment de l'allumage de l'arc et s'échappe en partie par les évents ; l'oxygène restant est consommé et l'atmosphère de la capsule reste peu comburante, les gaz qui la constituent se renouvelant difficilement. Pour éviter l'obscurcissement des parois du globe par les dépôts de fumées, on a divisé ce globe en deux compartiments séparés par un étranglement. L'arc est produit dans le compartiment supérieur, dont les parois sont maintenues à une température élevée, ce qui empêche la condensation des fumées ; celles-ci se déposent dans le compartiment inférieur dont les parois deviennent opaques au bout de quelques heures, tandis que la partie supérieure du globe conserve sa transparence. Quant aux parties les plus légères des fumées, elles se rendent et se condensent dans un réservoir métallique placé en communication directe avec la capsule.

Comme toute lampe à arc, la lampe Bardon-carbone comporte un régulateur (fig. 37) qui est destiné à assurer l'allumage de l'arc et la permanence de son fonctionnement au fur et à mesure de l'usure des charbons. Le régulateur de la lampe Bardon est du type différentiel, c'est-à-dire qu'il est commandé par des bobines série et dérivation. Un tel régulateur maintient constant le rapport de l'intensité du courant qui traverse l'arc et la tension entre électrodes. Comme il existe une autre relation entre ces quantités, du fait de la régulation de la source qui alimente l'appareil, l'intensité et la tension sont maintenues constantes, ce qui assure la régularité de fonctionnement de l'arc. Le mécanisme du régulateur de la lampe en vase clos est du type à rouage ; il comporte un amortisseur de recul.

La longue durée des charbons de la lampe Bardon-carbone entraîne une diminution très sérieuse des dépenses d'entretien. Le rendement lumineux est, par ailleurs, très satisfaisant, la consommation spécifique tombant à moins de 0,2 watt par bougie sub-horizontale pour l'arc alimenté en courant continu, et à moins de 0,3 watt en courant alternatif. Mais ces consommations s'entendent pour une lampe pourvue d'un globe clair, la puissance requise étant mesurée aux bornes de la lampe. On se trouve amené, en pratique, à utiliser des globes en verre opalin, de manière à éviter les effets d'éblouissement ; ces globes absorbent environ 25 p. 100

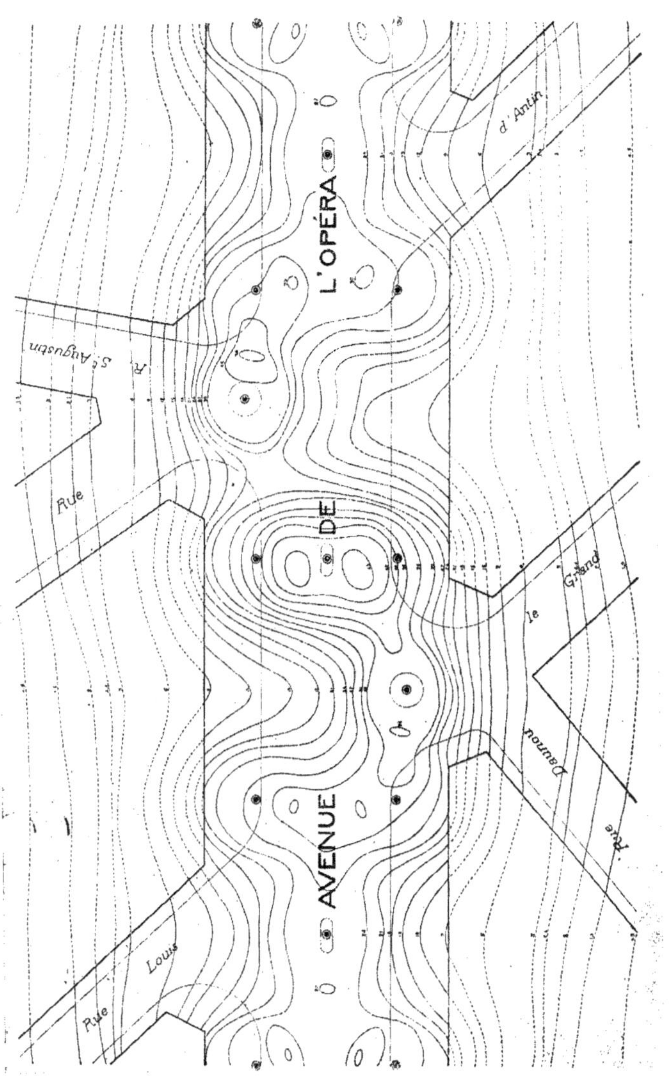

Fig. 39. — Courbes isolux. Avenue de l'Opéra.

de la lumière émise. On sait, d'autre part, que le fonctionnement
des lampes à arc n'est assuré dans des conditions de stabilité

Fig. 40). — Foyers à arc. — Appareillage contenu dans la borne du candélabre
(rhéostat-disjoncteur).

suffisante, lorsqu'on les alimente à l'aide d'une source réglant à
potentiel constant, que si l'on introduit dans le circuit un rhéostat,

ou une self, ce qui entraîne une certaine perte d'énergie. Il s'ensuit que la consommation spécifique de la lampe en vase clos, est comprise, en pratique, entre 0,26 watt[1] et 0,49 watt[2] par bougie sub-horizontale; ces rendements sont meilleurs que ceux qu'il est possible d'atteindre, à l'heure actuelle, avec l'éclairage par lampes à incandescence, encore que la marge soit assez faible en courant alternatif.

La lampe Bardon-carbone comporte un simple réflecteur en tôle émaillée dont la forme n'a pas fait l'objet d'études particulières. La distribution du flux est d'ailleurs satisfaisante (fig. 38), le maximum d'intensité correspondant à une direction inclinée de 30° seulement sur l'horizontale, et les intensités lumineuses décroissant très rapidement lorsqu'on se rapproche de la verticale, ce qui assure une bonne répartition des éclairements au sol, le coefficient d'uniformité[3] des éclairements sur la chaussée atteignant habituellement un tiers. Le bon rendement lumineux de l'arc en vase clos permet d'ailleurs de réaliser des foyers beaucoup plus puissants qu'avec l'arc à air libre, sans accroissement de consommation. On utilise en courant continu des lampes de 8, 10 et 15 ampères, et en courant alternatif des arcs de 10, 12, 15 am-

Fig. 41. — Ancien modèle de lampe à arc utilisé pour l'éclairage des abords de l'église de la Madeleine.

---

1. Dans le cas d'une série de 9 lampes alimentées en courant continu sous 440 volts, et compte tenu de la perte d'énergie dans le circuit.

2. Dans le cas d'une lampe à courant alternatif alimentée par transformateur individuel, compte tenu de la perte d'énergie dans le circuit, le transformateur et la self.

3. Défini comme le rapport de l'éclairement minimum à l'éclairement moyen.

pères, dont les intensités lumineuses utiles sont comprises entre
1.050 bougies pour l'arc alternatif 10 ampères, et 2.300 bougies
pour l'arc continu 15 ampères. Ces sources puissantes, substituées
aux arcs à air libre, ont entraîné un relèvement notable des éclairements dans les voies dotées de l'éclairage électrique. Parmi les
éclairages à arc, les plus brillants, actuellement en service, on
peut citer celui de l'avenue de l'Opéra (fig. 39) (éclairement
moyen : 18 lux).

L'alimentation des foyers à arc est assurée dans des conditions
qui diffèrent avec les localités. Dans les zones desservies en courant
continu, les arcs sont groupés en série de 2, 4, 6, 8 ou 9 foyers alimentés sous 110, 220, 330 ou 440 volts. Dans les quartiers alimentés
en courant alternatif, on emploie tantôt le groupement en séries
comprenant jusqu'à 14 foyers alimentés sous 780 volts, tantôt
l'alimentation par transformateurs individuels.

Pour les appareils groupés en série, on recourt habituellement
à l'allumage à la main. Dans le cas où les appareils sont branchés
en dérivation sur des circuits spéciaux partant d'un même poste
(cas des appareils pourvus de transformateurs individuels), il est
possible de réaliser l'allumage et l'extinction d'un grand nombre
d'appareils à l'aide d'une seule manœuvre, qui peut d'ailleurs
être commandée par une horloge. On réalise, dans ce cas, une économie importante sur les dépenses d'exploitation.

On avait été conduit à se préoccuper, dès le début de l'éclairage
électrique par arcs, de créer des types de candélabres adaptés à
ce nouveau mode d'éclairage. Il était nécessaire, en effet, de placer
les foyers à arc, dont la puissance et l'éclat intrinsèque étaient
notables, à une plus grande distance du sol que les foyers à gaz
à flamme libre qui étaient utilisés à cette époque. Il était indispensable, en outre, d'adopter un type de lanterne protégeant le régulateur contre les intempéries et réduisant, autant que possible,
les ombres portées. Il était nécessaire, enfin, que la borne du candélabre fût de dimensions suffisantes pour pouvoir contenir l'appareillage électrique des lampes (fig. 40) (rhéostats, interrupteurs,
transformateurs individuels, etc...). On se contenta, tout d'abord
(Grands Boulevards, 1889) (fig. 41), d'adapter une rallonge au
candélabre dit de carrefour, qui était utilisé avec les foyers intensifs à gaz, et de le surmonter d'une lyre dont l'aspect, assez peu
satisfaisant, fut amélioré par la suite. Il subsiste encore, sur les

Fig. 42. — Candélabre de carrefour à rallonge (hauteur : 5 m, 20).

Fig. 43. — Candélabre des grands boulevards (hauteur : 6 m. 20).

Fig. 44. — Candélabre de la place de l'Opéra (hauteur : 6 m. 20).

Fig. 45. — Candélabre du Jardin des Tuileries (hauteur : 6 m. 45).

Fig. 46. — Candélabre du Bois de Boulogne (hauteur : 4 m. 70).

Fig. 47. — Candélabre horloge (hauteur : 6 m. 20).

Fig. 48. — Candélabre mixte (hauteur : 6 m. 20).

Fig. 49. — Candélabre du boulevard Saint-Germain (hauteur : 4 mètres).

Grands Boulevards, un petit nombre de candélabres de ce modèle (fig. 42). On créa, par la suite, un certain nombre de types de candélabres spécialement destinés à recevoir des foyers à arc et de modèles plus ou moins décoratifs : candélabres des Boulevards (1889), de la Place de l'Opéra (1896), de la rue de la Chaussée d'Antin (1897), des Tuileries (1904), du Bois de Boulogne (1913); candélabres-horloges (fig. 43 à 47), etc... Comme il est de règle de maintenir, dans les voies éclairées à l'électricité, un éclairage de secours au gaz [1], on créa également des candélabres mixtes (fig. 48) (1891). Ces divers modèles de candélabres permettent de porter le point lumineux à des hauteurs comprises entre 4m,70 et 6m,45, les appareils les moins élevés étant utilisés dans les voies dont les plantations d'alignement font obstacle à l'utilisation de candélabres de grande hauteur. On a même été conduit, boulevard Saint-Germain, à placer des foyers à arc à 4m,20 seulement du sol (fig. 49), en raison du caractère très particulier de la plantation de cette voie. Cette solution est peu satisfaisante, et il eût été préférable de recourir à l'emploi de candélabres à crosse.

* *

L'éclairage par arc en vase clos est, à l'heure actuelle, le moins coûteux des divers modes d'éclairage intensif utilisés à Paris [2] ; mais on reproche à l'arc son instabilité de fonctionnement et les variations qui se produisent dans la tonalité de la lumière émise. Ces inconvénients sont peu sensibles avec le courant continu, lorsqu'on dispose de charbons minéralisés de bonne qualité ; ils sont beaucoup plus marqués pour les foyers alimentés en courant alternatif [3], dont le rendement lumineux est d'ailleurs moins bon que

---

1. Qui joue fréquemment le rôle d'éclairage de fin de nuit.

2. Arc 10 ampères à courant continu (par série de 9 sous 440 volts).   I⊤ = 1650 bougies. Prix de la bougie-heure . . 0 fr. 242

Lampe à gaz surpressé de 1200 litres.   I⊤ = 1770 bougies. Prix de la bougie-heure . . 0 fr. 452

Foyer à lampe à At. G. de 775 watts (arc réfracteur Holophane).   I⊤ = 1290 bougies. Prix de la bougie-heure . . 0 fr. 426

Les chiffres indiqués font état des dépenses d'entretien et de la consommation de courant électrique ou de gaz, décomptées aux prix respectifs de 0 fr. 522 le kilowatt-heure et de 0,55 le mètre cube.

3. Surtout à la fréquence 41 2,3 qui est encore utilisée à Paris. La fréquence sera relevée à 50 en 1925-26.

celui des arcs continus. Aussi s'est-on trouvé conduit, depuis la guerre, à recourir à peu près exclusivement, pour les opérations nouvelles, à l'éclairage par lampes à incandescence à atmosphère gazeuse qui donne une lumière stable, d'une tonalité très agréable, et qui paraît devoir entraîner des dépenses d'entretien moins élevées que l'éclairage par arcs.

Éclairage au gaz surpressé. — Menacé par la lampe électrique à incandescence, le gaz avait pu maintenir sa suprématie pour l'éclairage divisionnaire, grâce à l'invention du bec Auer. Pour l'illumination des grands espaces, l'éclairage au gaz resta en situation d'infériorité vis-à-vis de l'éclairage par arcs, jusqu'à l'apparition du gaz surpressé.

Pour rétablir la situation du gaz, dans un domaine où cette situation était gravement compromise, il était nécessaire :

de réaliser des sources lumineuses de puissance unitaire comparable à celles qu'il était possible d'obtenir avec l'arc (1.000 bougies et plus) ;

de diminuer la consommation spécifique de gaz.

Le pouvoir émissif des oxydes de métaux rares qui constituent le manchon à incandescence croît très rapidement avec la température ; la proportion de radiations à forte luminosité augmente en même temps. On relèvera donc la valeur de l'éclat d'un manchon et l'on réalisera ainsi une source lumineuse plus puissante [1], en portant ce manchon à une température aussi élevée que possible [2]. La température du manchon étant légèrement inférieure [3] à celle de la flamme du brûleur utilisé, l'accroissement de l'éclat résultera, en définitive, du relèvement de la température de la flamme. Trois moyens s'offrent qui conduisent à ce résultat :

augmenter la quantité d'air entraîné par l'éjecteur du brûleur (air primaire), le mélange étant fait dans des proportions voisines de celles qui assurent la combustion complète du gaz ;

---

1. Il importe, à cet égard, que la forme et les dimensions des manchons soient rigoureusement adaptées aux caractéristiques de la flamme du brûleur.

2. Et en même temps plus économique, si le gain réalisé sur les pertes d'énergie par rayonnement n'est pas compensé par un surcroît de pertes par convection. D'où l'utilité des dispositions de récupération de la chaleur sensible entraînée par les gaz de la combustion.

3. L'écart est d'autant plus faible, pour un même manchon, que le débit horaire de gaz brûlé est plus grand.

mélanger très intimement le combustible et le comburant ;
réchauffer préalablement l'air et le gaz.

Lorsqu'on cherche à accroître la proportion d'air entraîné dans
un brûleur Bunsen (air *primaire*), en augmentant simplement
les sections des orifices de prise, la vitesse de propagation de la
flamme devient supérieure à la vitesse d'écoulement du fluide
gazeux ; la flamme remonte dans le tube de mélange et le bec
« prend à l'injecteur ».

Avec les meilleurs becs droits modernes, qui utilisent au mieux
la force vive du jet de gaz dardé par l'injecteur, on ne peut entraîner
plus de 3 volumes et demi d'air pour un volume de gaz, lorsque
l'appareil est alimenté à la pression ordinaire de distribution
(60 millimètres d'eau). La proportion d'air nécessaire à la combustion complète du gaz étant de près de 5 volumes et demi d'air pour
un volume de gaz, la combustion du gaz s'opère en deux temps,
à la sortie du brûleur. La flamme est formée d'un petit cône bleu,
surmonté d'une auréole peu visible ; la combustion commence
dans le cône bleu, par utilisation de l'air primaire ; elle s'achève
dans l'auréole, au contact de l'air extérieur (air *secondaire*). Si
l'on parvient, par un moyen quelconque, à augmenter la quantité
d'air primaire, en relevant en même temps la vitesse de sortie du
mélange d'air et de gaz — de manière à éviter la prise à l'injecteur
— la flamme obtenue aura une auréole moins développée ; elle
sera plus courte, plus raide et d'autant plus chaude que le débit
horaire de calories sera plus grand, pour un orifice de brûleur de
section donnée [1].

Pour réaliser un bec puissant et économique, il était donc nécessaire d'accélérer la vitesse d'écoulement du fluide, de manière à
accroître la quantité de mouvement d'une même masse de gaz
sortant de l'injecteur, tout en augmentant la quantité de gaz
débitée à l'heure. Pour arriver à ce résultat, on a tout naturellement songé à alimenter les becs avec du gaz porté à une pression
supérieure à la pression ordinaire de distribution. La quantité
de gaz qui passe par un injecteur de section donnée est en effet
proportionnelle à la racine carrée de la pression en amont : un

---

1. On ne peut d'ailleurs augmenter indéfiniment la vitesse de sortie du mélange,
et partant le débit. Pour que la flamme ne quitte pas la tête du brûleur par souf-
flage, il faut que la vitesse de sortie ne soit que légèrement supérieure à la vitesse
de propagation de la flamme à la température de régime.

injecteur qui débite 75 litres de gaz à l'heure, sous une pression
de 50 millimètres d'eau, en débitera 150, sous une pression de
200 millimètres, et 425 sous une pression de 1.600 millimètres. ◆

Fig. 50. — Appareil à gaz surpressé (Exposition de 1900).

Une première application de l'éclairage au gaz surpressé fut
réalisée par la Compagnie Parisienne du Gaz, à l'occasion de l'Exposition Universelle de 1900. Les brûleurs utilisés étaient à manchon droit, sans cheminée de verre ; ils débitaient 350 litres à
l'heure. La pression du gaz n'était que de 200 millimètres d'eau
et suffisait à assurer un dosage convenable du gaz et de l'air primaire. L'intensité sub-horizontale obtenue, en service, était de

330 bougies. La consommation horaire était inférieure à 1,06 litre par bougie, alors qu'elle atteignait 1,62 litre avec les becs à gros débit alimentés à la pression normale. En groupant plusieurs becs dans une même lanterne (jusqu'à 15 becs), on parvenait à réaliser des foyers donnant 3.200 bougies [1]. Ce sont des appareils de ce modèle (fig. 50) qui furent utilisés pour l'illumination du Trocadéro et du Champ-de-Mars pendant la durée de l'Exposition. La somptuosité de cet éclairage lui permettait de soutenir avantageusement la comparaison avec l'éclairage électrique, qui était répandu à profusion dans les autres parties de l'Exposition. Mais l'entretien de ces appareils était coûteux et difficile, et la consommation de gaz restait excessive. L'essai n'eut pas de suite. Cependant, l'idée fut reprise à l'étranger, et l'éclairage au gaz surpressé, définitivement mis au point, nous revint d'Allemagne quelques années plus tard. A la suite d'une première application, réalisée en 1910, sur le boulevard Raspail, dont on venait d'achever le percement, l'éclairage au gaz comprimé se développpa très rapidement [2]. Il est resté, depuis lors, en compétition constante avec l'éclairage électrique pour l'illumination de nos grandes voies.

Les lampes à gaz surpressé utilisées actuellement appartiennent à plusieurs types [3] qui diffèrent entre eux par des détails de construction ; mais les conditions générales d'établissement et de fonctionnement de ces divers modèles de lampes sont tout à fait analogues et les rendements lumineux obtenus sont sensiblement équivalents.

La pression d'alimentation du gaz est de 1/6 à 1/7 d'atmosphère (1^m,500 à 1^m,600 d'eau). Grâce à l'adoption de cette pression élevée il a été possible de réaliser des brûleurs (fig. 51) atteignant de gros débits (de 175 à 730 litres à l'heure) avec des manchons de dimensions limitées. Il est fait exclusivement usage de manchons ren-

---

1. Le rendement de ces gros foyers était médiocre, les manchons se masquant mutuellement.

2. L'éclairage du boulevard Raspail fut mis en service le 28 décembre 1910, sauf la partie comprise entre les rues de Rennes et de Sèvres, dont l'éclairage fut mis en service le 26 avril 1911.
Dès le 31 décembre 1914, il existait sur la voie publique 1869 foyers à gaz comprimé.

3. Keith, Gretzine, Pharos, Auer, Pintsch. — Pour les opérations exécutées depuis la guerre, on n'a utilisé que des lampes Auer et Pintsch, qui sont fabriquées en France.

versés [1]. Le mélange de gaz et d'air primaire se brasse, en se réchauffant, en passant dans une chambre de mélange dont les parois sont léchées par les gaz de la combustion, de telle sorte que la température du mélange atteint déjà près de 450° en régime, dans le tube qui le conduit à la tête du brûleur.

Il existe quatre calibres de brûleurs : 175 litres-heure, 350 litres, 400 litres, 730 litres. On les utilise parfois isolément et plus souvent groupés par deux ou par trois dans une même lanterne ou dans une même lyre. On dispose ainsi de foyers dont les puissances vont de 220 bougies à 3.350 bougies. La consommation spécifique de gaz est très faible, et ne dépasse pas 0^l,8 par bougie hémisphérique inférieure et par heure, compte tenu de l'absorption due au globe. Ce dernier qui est établi en verre clair, la brillance des manchons, bien que relativement forte (35 bougies par centimètre carré au lieu de 6 à 7 bougies avec les becs droits utilisés pour l'éclairage divisionnaire) ne produisant pas d'effet d'éblouissement gênant, lorsque les foyers sont placés à une hauteur suffisante.

La forme des indicatrices des lampes à gaz comprimé est assez satisfaisante, l'intensité la plus forte se produisant pour une direction inclinée de 35° sur l'horizontale (fig. 52) ; on parvient ainsi à obtenir une répartition convenable des éclairements en faisant usage de candélabres aussi élevés que possible. On s'attache, en règle générale, à réaliser sur la chaussée un minimum d'éclairement compris entre la moitié et le tiers de l'éclairement moyen dans la même zone. Cet éclairement moyen varie lui-même suivant les localités : il est de 5 à 7 lux dans les voies à circulation moyenne, et de 9 à 11 lux dans les grandes artères. Il dépasse 14 lux dans certaines voies magistrales (avenue du Bois de Boulogne, avenue de la Grande-Armée, boulevard Raspail, etc...) et sur certains points spéciaux.

Les foyers à gaz surpressé sont montés, le plus souvent, sur de grands candélabres à lyres [2] des divers modèles utilisés pour l'éclai-

---

1. Les manchons, d'un modèle renforcé, ne durent que 250 heures environ, au lieu de 500 heures dans l'éclairage à basse pression.

2. Les lyres utilisées ont le même aspect extérieur que celles qui sont employées pour l'éclairage électrique, mais elles sont établies spécialement : les bras, en fonte,

Légende de la fig. 51, page 109 :

Fig. 51. — Lampe à gaz surpressé de 1.200 litres de débit horaire.

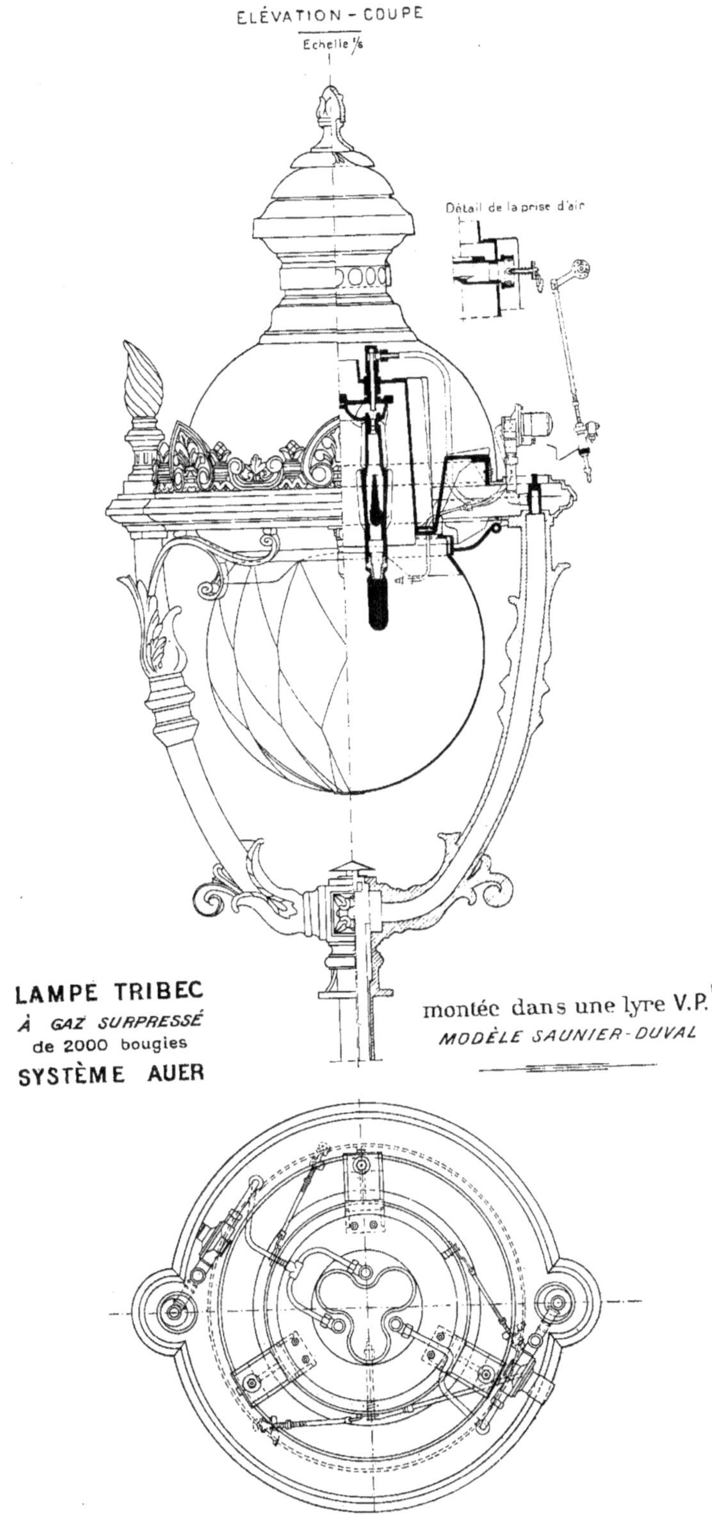

ELÉVATION - COUPE
Echelle 1/6
Détail de la prise d'air
LAMPE TRIBEC
À GAZ SURPRESSÉ
de 2000 bougies
SYSTÈME AUER
montée dans une lyre V.P.
MODÈLE SAUNIER-DUVAL
PLAN

rage électrique par arc (fig. 53 à 58). Dans une voie où la présence

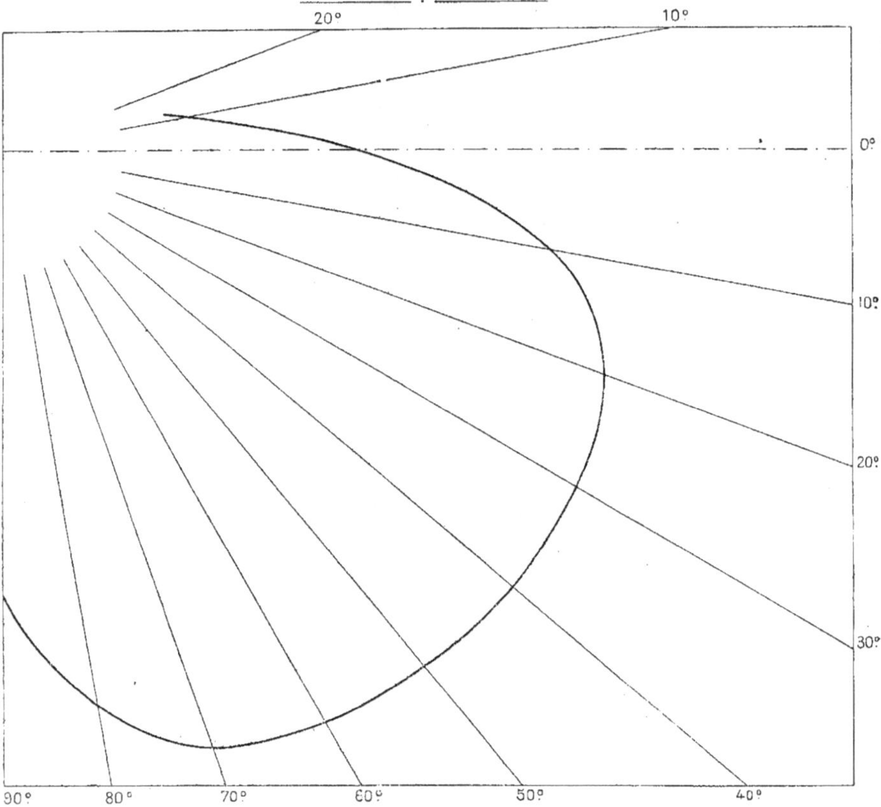

Fig. 52. — Lampe à gaz surpressé. — Distribution des intensités lumineuses.

sont coulés autour de tubes en fer servant au passage du gaz et munis de raccords spéciaux pour le montage de la colonne montante et de la lampe, ainsi que de dispositifs de dégorgement.

d'une plantation très basse faisait obstacle à l'emploi de candélabres à lyres, on a fait l'essai d'appareils à crosse (fig. 59). On utilise, parfois, notamment dans les voies plantées et dans certaines

Fig. 53. — Installation d'un appareil à gaz surpressé : massif de fondation
et borne.

rues de faible largeur, des candélabres de hauteur plus faible (candélabres de refuge ou candélabres Oudry à fût surélevé) pourvus
de lanternes. La hauteur du point lumineux est alors inférieure
à quatre mètres, ce qui conduit à n'employer, dans de telles con-

ditions, que des lampes de puissance relativement faible : 800 bougies au maximum [1].

L'adoption de l'éclairage au gaz surpressé a nécessité la création

Fig. 54. — Installation d'un appareil à gaz surpressé : montage du fût inférieur.

d'un réseau de distribution à haute pression qui comprenait 177 kilomètres de canalisations au 31 décembre dernier. Ce réseau

1. On n'utilise dans des lanternes que des lampes de 200 bougies (175 litres-heure), 400 bougies (2 × 175 et 350 litres-heure) et 800 bougies (2 × 350 litres-heure)·

est alimenté par trois postes de surpression (fig. 60 et 61), installés
respectivement boulevard Raspail, rue Saint-Didier et au Marché-
du-Temple. Ces postes contiennent des surpresseurs rotatifs

Fig. 55. — Installation d'un appareil à gaz surpressé : montage du fût supérieur.

actionnés par des moteurs à gaz, avec moteurs électriques de
secours. Le matériel installé peut faire face à un débit horaire de
10.000 mètres cubes environ.

L'existence d'un réseau spécial de canalisations de gaz surpressé
a permis de résoudre très facilement le problème de l'allumage;

chaque lampe est munie d'un appareil d'allumage automatique (fig. 51) avec membrane en toile caoutchoutée. Cette membrane, actionnée par les variations de pression sur le réseau, commande

Fig. 56. — Installation d'un appareil à gaz surpressé : soudure des plomberies sur la lyre.

un robinet ouvrant ou fermant l'arrivée de gaz du brûleur et un second robinet fermant ou ouvrant l'arrivée de gaz d'une veilleuse. Au moment de l'extinction matinale, on laisse tomber la pression dans les canalisations, ce qui provoque l'extinction des becs et l'allumage des veilleuses. Le relèvement de la pression entraîne l'opération inverse, à la tombée de la nuit. Dans

Fig. 57. — Installation d'un appareil à gaz surpressé : mise en place de la lyre.

les appareils à plusieurs manchons, on ne maintient habituellement qu'un bec en service après minuit quinze. L'extinction du ou des manchons fonctionnant en service variable est faite à la main [1]

1. Un appareil automatique à horloge, destiné à effectuer cette manœuvre, est actuellement à l'étude.

par la manœuvre d'un robinet situé dans la borne du candélabre
et qui comporte trois positions : ouverture des deux colonnes
montantes alimentant respectivement les brûleurs permanents

Fig. 58. — Installation d'un appareil à gaz surpressé : foyer en service.

et les brûleurs variables, fermeture des deux colonnes montantes,
fermeture de la colonne des variables avec ouverture de la colonne
du bec permanent.

***

L'éclairage au gaz surpressé présentait, au moment où il fut introduit à Paris, une supériorité marquée sur l'éclairage par arcs à air libre. Plus économique, il possédait en même temps plus de

Fig. 59. — Candélabre à crosse (boulevard Saint-Germain).

souplesse, grâce à la possibilité qu'il offrait de réaliser des foyers dont l'intensité lumineuse s'échelonnait du simple au décuple. La fragmentation de la puissance des foyers par le groupement de plusieurs manchons dans une même lampe apportait en même temps une solution très pratique du problème de l'éclairage de fin de nuit.

L'apparition de l'arc en vase clos rétablit la parité entre les prix de revient des deux procédés rivaux [1]. L'éclairage au gaz surpressé

Fig 60. — Poste de surpression : moteurs à gaz.

1. A la suite de l'apparition des arcs en vase clos, les prix de revient de l'éclairage au gaz surpressé et de l'éclairage électrique se retrouvèrent à égalité. Cet état d'équilibre a cessé depuis la guerre, et l'éclairage par arcs est actuellement moins coûteux que l'éclairage au gaz surpressé, le prix du courant électrique n'ayant subi qu'une hausse de 77 p. 100 par rapport au prix d'avant-guerre, contre 267 p. 100 pour le gaz.

Avec l'éclairage électrique par lampes à atmosphère gazeuse, qui tend à se substituer à l'éclairage par arcs, le gaz et l'électricité se retrouvent sensiblement à égalité.

n'en jouit pas moins d'une faveur marquée, en raison de la parfaite stabilité de sa lumière dont la tonalité, d'un blanc doré, est particulièrement agréable à l'œil ; il permet de réaliser les illuminations

Fig. 61 — Poste de surpression : surpresseurs.

les plus somptueuses (fig. 62 et 63) et se prête, avec non moins d'aisance, à des effets plus modestes. On a donc été conduit à en développer très largement l'emploi dans les grandes voies de la Capitale, tout en faisant une large place à l'éclairage électrique par lampes à atmosphère gazeuse, dont l'introduction est toute récente et dont il me reste à vous entretenir.

Fig. 62. — Éclairage au gaz surpressé (place des Ternes).

Éclairage électrique par lampes à incandescence à atmosphère gazeuse. — La quantité d'énergie rayonnée par un solide incandescent croît très rapidement avec la température,

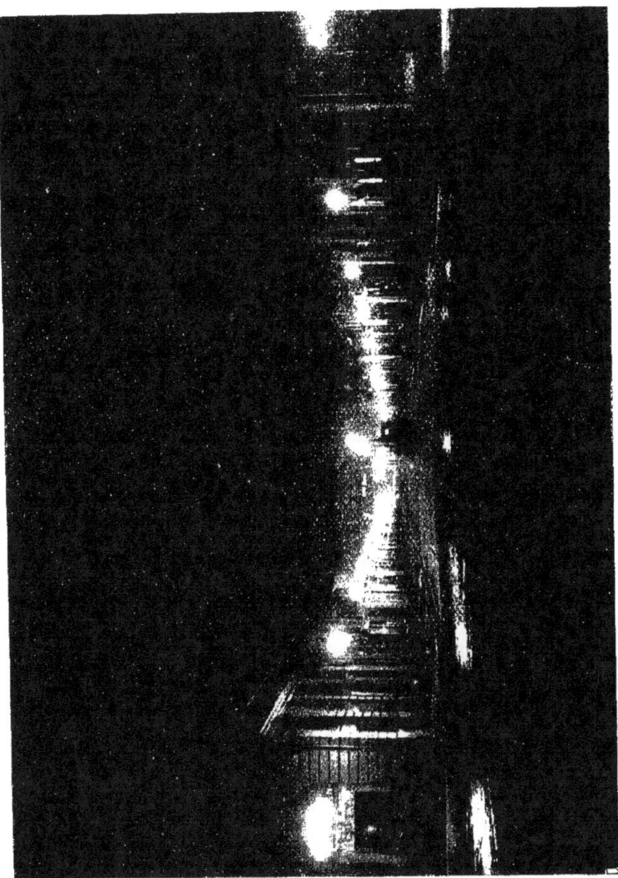

Fig. 63. — Éclairage au gaz surpressé (rue de la Paix).

en même temps que la fraction de cette énergie émise sous forme de radiations visibles. Il y a donc avantage, au point de vue de l'amélioration du rendement lumineux, à porter le filament des lampes à incandescence à une température aussi élevée que possible. Toutefois, le gain ainsi réalisé sur la consommation de courant a pour contre-partie une réduction très sensible de la durée utile de la lampe, dont le filament se volatilise [1] d'autant plus rapidement qu'il est plus « poussé ». On se tient donc, dans la pratique, à des températures relativement faibles : 2.100° C. dans le cas de la lampe à filament de tungstène (lampe dite « monowatt »), bien que le point de fusion de ce métal soit au-dessus de 3.000° C. La consommation spécifique atteint, dans ces conditions, 1,5 watt par bougie sphérique, chiffre très supérieur à la consommation de l'arc en vase clos ; aussi la lampe à filament dans le vide n'est-elle utilisée qu'exceptionnellement à Paris pour l'éclairage public.

La vitesse de vaporisation du filament étant fonction décroissante de la pression, on devait naturellement chercher à la réduire en remplissant l'ampoule à l'aide d'un gaz inerte de faible conductibilité : azote ou argon. Il a été possible, par ce moyen, de relever la température du filament de plus de 300°, tout en maintenant la durée utile de la lampe aux environs de 1.000 heures. En dépit de l'accroissement des pertes par convection, qu'on est parvenu cependant à atténuer, en donnant au filament une forme judicieuse, les lampes à atmosphère gazeuse (lampes dites « demi-watt ») ont une consommation spécifique inférieure de moitié [2] à celle des lampes à filament dans le vide. Le gain réalisé est particulièrement sensible pour les lampes de grande puissance, alimentées à bas voltage, ce qui s'explique par l'importance de plus en plus grande que prennent les pertes par convection, lorsqu'on fait usage de filaments plus fins.

La lampe à atmosphère gazeuse se distingue par la tonalité agréable de la lumière émise, qui se rapproche beaucoup de la lumière du jour, avec une proportion un peu plus forte de radiations rouges et jaunes. La stabilité de fonctionnement est parfaite, alors qu'elle laisse fortement à désirer dans l'éclairage par lampes à arc, surtout dans le cas d'une alimentation en courant alternatif. L'entretien est également plus simple qu'avec l'arc, et l'économie réalisée de ce chef compense, en grande partie, le surcroît de dépenses résultant d'une consommation spécifique un peu plus élevée.

---

1. La volatilisation du filament produit sur la paroi de l'ampoule un dépôt dont l'épaisseur croit d'autant plus rapidement que la température du filament est plus élevée. Une lampe à filament dans le vide, « poussée » au régime de 0,6 watt par bougie, noircit en moins d'une heure, alors que sa durée utile atteint mille heures, lorsqu'elle fonctionne avec un régime normal.

2. Pour les lampes de plus de 300 watts, qui sont d'ailleurs celles dont l'emploi est le plus fréquent dans le domaine de l'éclairage public.

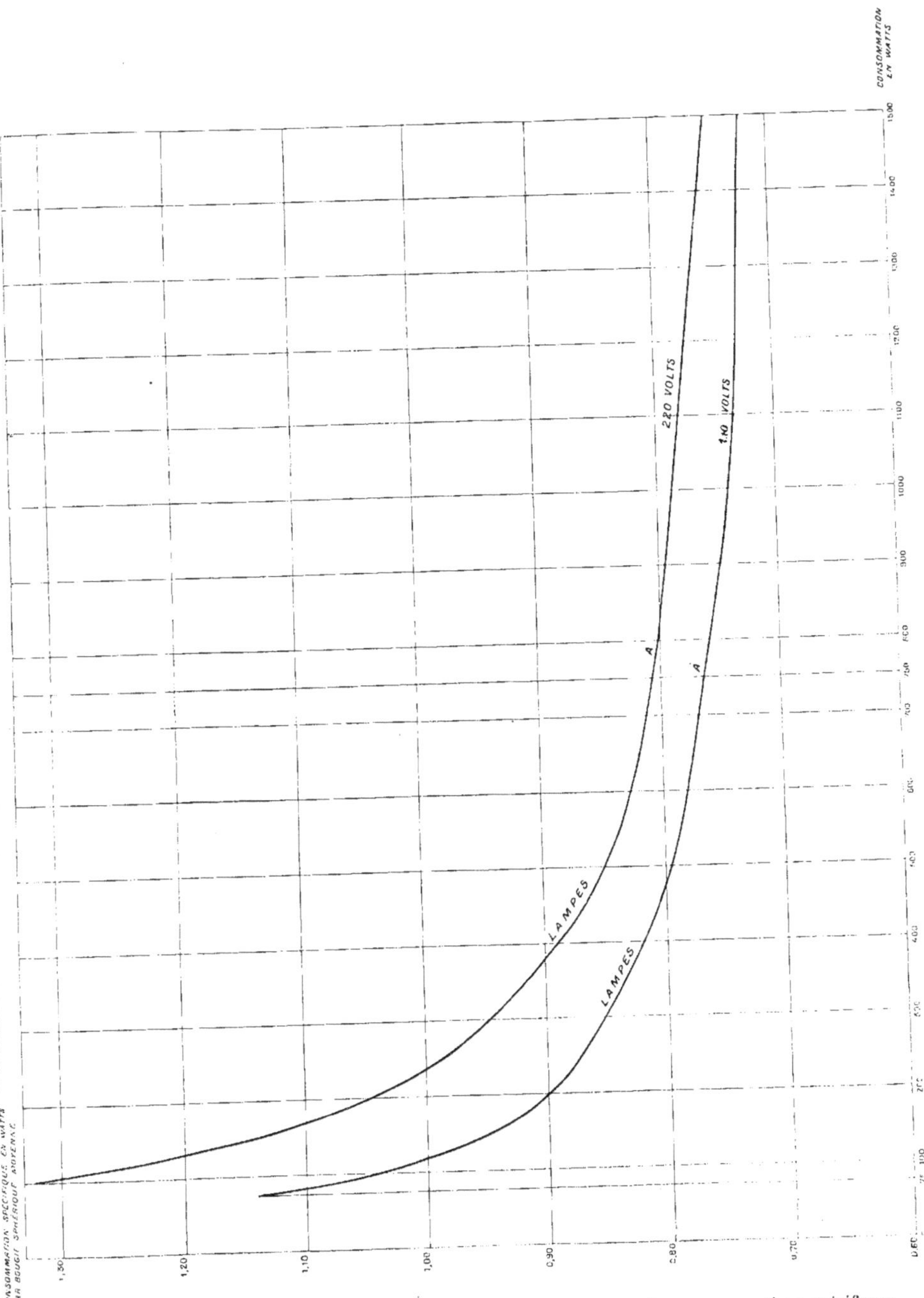

Fig. 64. — Lampe à incandescence à atmosphère gazeuse. — Diagramme des consommations spécifiques.

* * *

La lampe à atmosphère gazeuse fit son apparition en 1914. Peu utilisée en France, en raison des circonstances, elle se répandit très rapidement à l'étranger, où on l'utilisa immédiatement pour l'éclairage public, de préférence à l'arc en vase clos. Le succès de l'éclairage par lampes à atmosphère gazeuse s'est d'ailleurs confirmé aux États-Unis depuis la guerre ; l'arc à magnétite y reste seul en concurrence, pour l'éclairage public, avec la lampe à incandescence dont les applications portent actuellement sur plusieurs centaines de milliers de foyers.

L'éclairage par lampes à atmosphère gazeuse a fait l'objet d'un premier essai en grand, à Paris, au début de l'année 1922, à l'occasion des travaux d'aménagement de la place du Combat et de l'avenue Mathurin-Moreau. On a procédé, à la faveur de cet essai, à une étude approfondie des conditions d'emploi de ce nouveau mode d'éclairage dont les applications sont déjà très nombreuses, en dépit de son introduction récente.

* * *

La température élevée à laquelle se trouve porté le filament de la lampe à atmosphère gazeuse a pour conséquence un accroissement de la valeur de l'éclat qui atteint près de 800 bougies par centimètre carré, au lieu de 170 bougies seulement pour la lampe à filament dans le vide. Bien que cette valeur de l'éclat soit inférieure à celle de l'arc, il est indispensable de soustraire le filament à la vision directe, qui provoque des effets d'éblouissement. D'où la nécessité d'un « habillage » susceptible d'atténuer l'éclat de la source. L'habillage est destiné, en outre, à modifier la distribution du flux, qui laisse fortement à désirer (fig. 27), l'intensité lumineuse de la lampe nue étant sensiblement la même dans toutes les directions. Les appareillages utilisés à Paris pour l'éclairage public comportent tantôt des réflecteurs, dont l'emploi est combiné avec celui de globes diffuseurs, tantôt des réfracteurs-diffuseurs en verre clair prismatique.

Les réflecteurs (fig. 65) sont généralement établis en aluminium poli ; leur forme se rapproche de celle d'un paraboloïde de révo-

ARMATURE AVEC RÉFLECTEUR EN ALUMINIUM

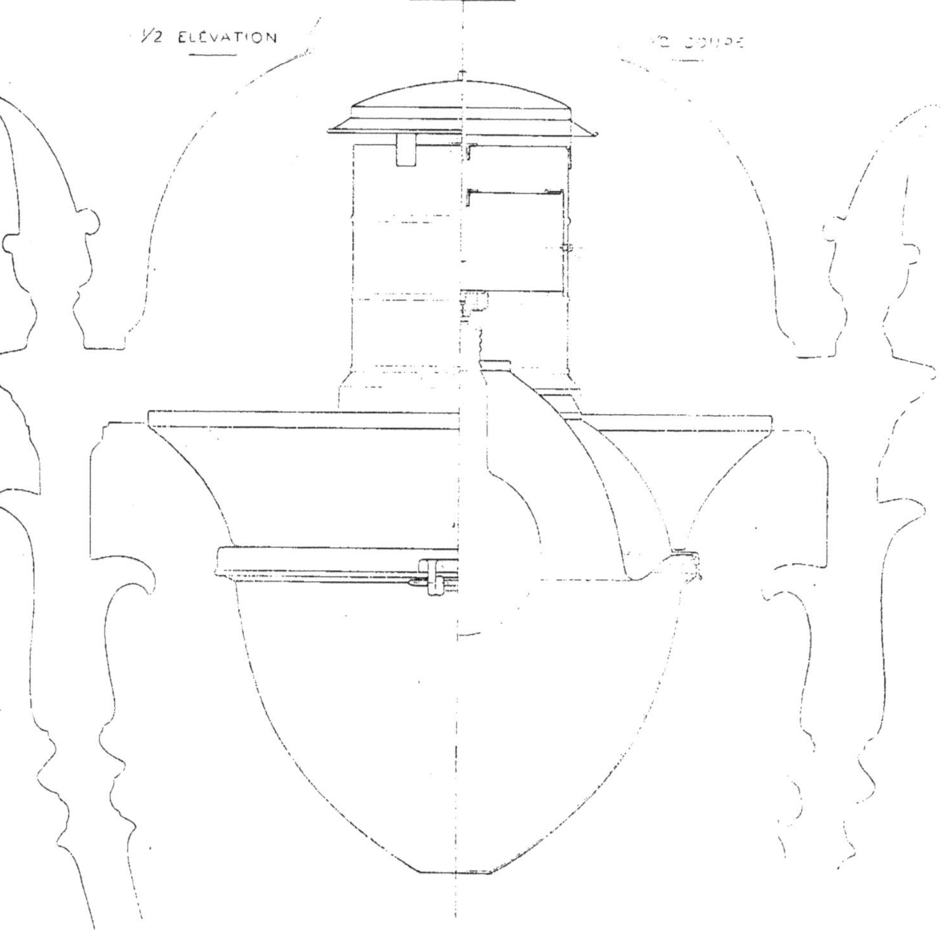

Fig. 65. — Armature avec réflecteur.

lution. En disposant le filament de la lampe à une hauteur convenable [1], on parvient à récupérer le flux émis dans les directions situées au-dessus de l'horizontale, et qui ne jouerait aucun rôle utile si la lampe était utilisée nue ; la forme de la courbe polaire de distribution des intensités est améliorée en même temps (fig. 66). Un globe diffuseur en verre opalin complète ce dispositif, de manière à soustraire le filament de la lampe à la vision directe et à éviter ainsi les effets d'éblouissement. Bien que la présence du globe réagisse sur la distribution du flux, celle-ci demeure satisfaisante, l'éclairement minimum de la chaussée atteignant la moitié de l'éclairement moyen, lorsque l'espacement des foyers ne dépasse pas six fois la hauteur à laquelle ils se trouvent placés. Quant au rendement global de l'armature [2], il est de l'ordre de 60 p. 100 avec un réflecteur récemment poli et un globe en verre opalin propre. La consommation spécifique atteint, dans ces conditions, 0,65 watt par bougie utile, pour les foyers de 775 watts, qui sont d'un emploi courant. Le rendement diminue malheureusement assez vite avec le temps, du fait de la dépréciation de la lampe — qui atteint 20 p. 100 au bout de 1.000 heures —, de l'augmentation du coefficient d'absorption du réflecteur, et des dépôts de poussière qui se produisent sur le globe et sur l'ampoule. Aussi est-il indispensable de procéder fréquemment au nettoyage de l'armature (deux fois par mois en moyenne) et d'effectuer le repolissage des réflecteurs à intervalles suffisamment rapprochés (tous les six mois).

Les armatures 'avec *réfracteurs* assurent une excellente distribution du flux, avec une absorption relativement faible. Le modèle le plus couramment utilisé (fig. 67) comporte deux enveloppes en verre clair qui s'emboîtent l'une dans l'autre, de manière à rendre étanche l'espace ménagé entre elles [3]. L'enveloppe intérieure porte sur sa paroi externe des prismes horizontaux dont les angles sont calculés de manière à renvoyer la majeure partie du flux dans des directions inclinées de 10 à 20° sur l'horizontale [4], et à réaliser, à

1. Les armatures comportent, à cet effet, un système de réglage qui permet de disposer l'ampoule à la hauteur optima.

2. Défini comme le rapport entre le flux utile (flux sub-horizontal) de l'armature et le flux total émis par la lampe nue.

3. L'appareil ne présente extérieurement que des surfaces lisses, dont le nettoyage est des plus aisés.

4. La direction correspondant au maximum d'intensité peut varier dans ces limites, par un réglage convenable de la hauteur du filament.

RÉFLECTEUR ALUMINIUM ET GLOBE OPALIN

DISTRIBUTION DU FLUX

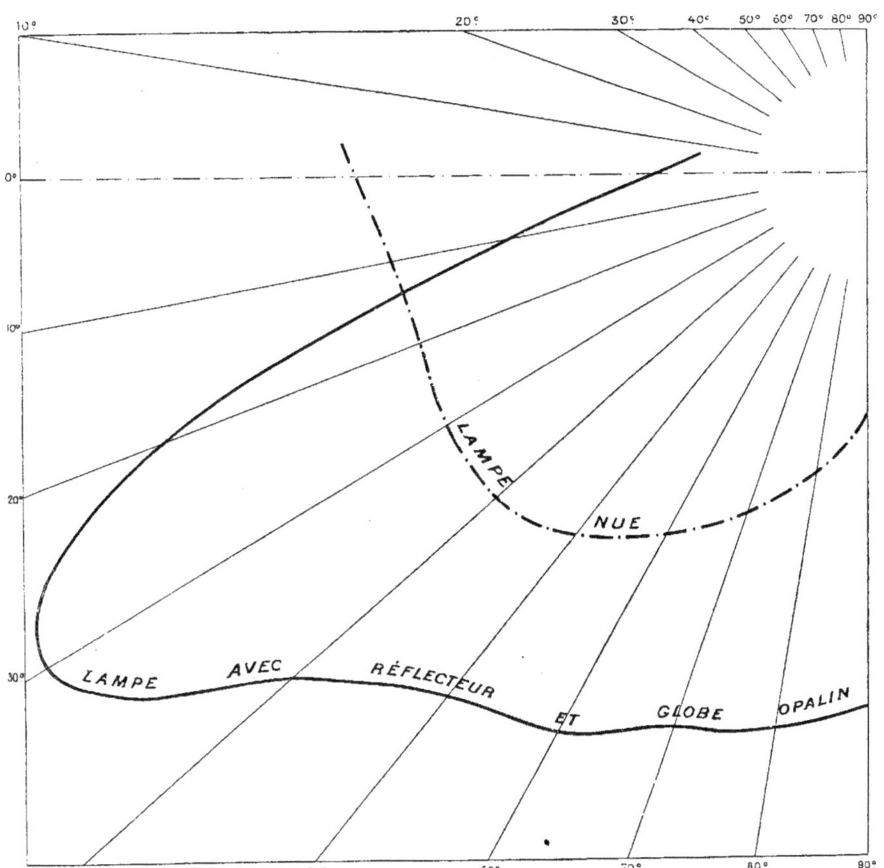

Fig. 66. — Armature avec réflecteur. — Distribution des intensités lumineuses.

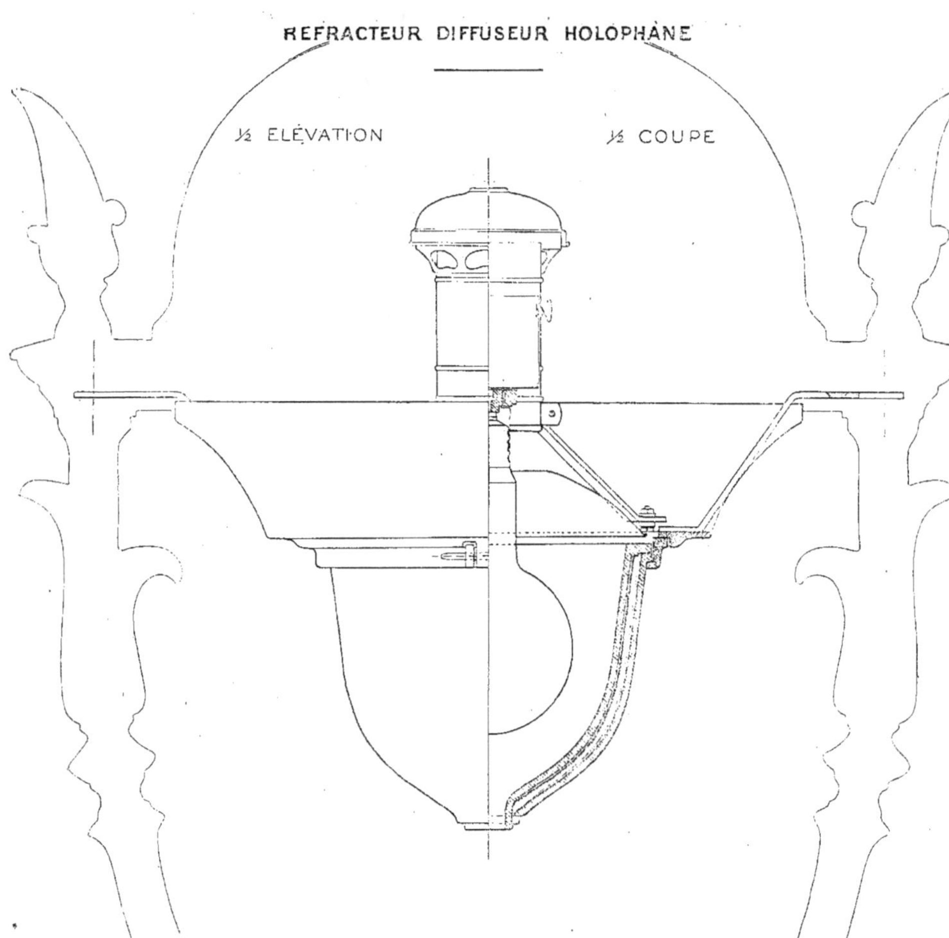

Fig. 67. — Réfracteur-diffuseur holophane.

RÉFRACTEUR HOLOPHANE AVEC GLOBE 4433

DISTRIBUTION DU FLUX

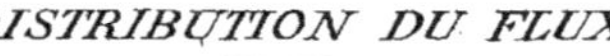

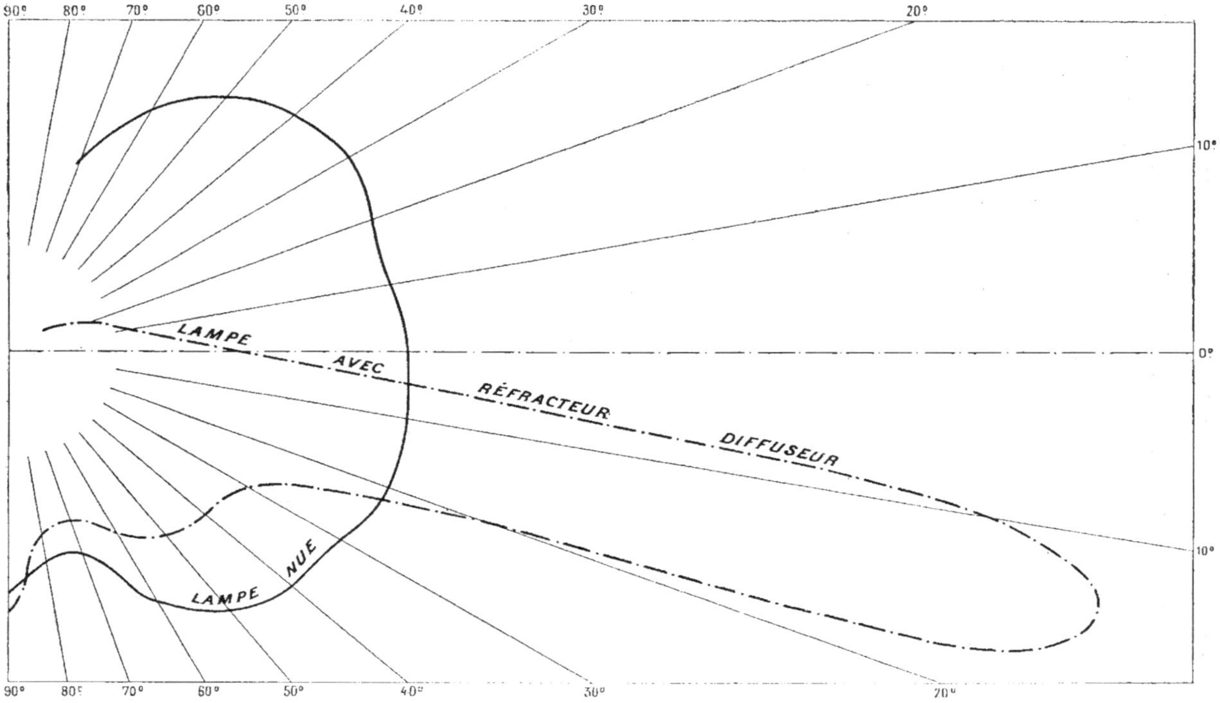

Fig. 68. — Armature avec réfracteur. — Distribution des intensités lumineuses.

peu de choses près, la courbe polaire de distribution théorique assurant l'uniformité d'éclairement au sol (fig. 68). L'enveloppe extérieure, qui joue le rôle de diffuseur, porte sur sa face interne des prismes verticaux qui atténuent l'éclat de la source sans altérer la distribution méridienne des intensités. Le rendement des armatures à réfracteurs dépasse 64 p. 100 du flux émis par la lampe nue, ce qui ramène la consommation spécifique à 0,6 watt par bougie utile, pour les foyers dont la puissance excède 500 watts : d'où une économie appréciable sur les dépenses de courant, pour une même valeur de l'éclairement moyen. Il est d'ailleurs possible, avec le réfracteur, de porter le rapport de la hauteur du foyer à leur espacement à 7 et même à 8, sans faire tomber le coefficient d'uniformité des éclairements au-dessous de 75 p. 100 : c'est là un des avantages les plus précieux inhérents à ce genre d'appareils, la diminution du nombre des foyers entraînant une réduction sensible du montant des dépenses de premier établissement, tout en améliorant les conditions de la circulation sur les trottoirs dont l'encombrement est parfois excessif.

La puissance des foyers à lampes à atmosphère gazeuse est comprise entre 500 et 3.700 bougies utiles [1] (de 300 à 2.300 watts). On se trouve donc dans la nécessité de les disposer sur des candélabres de grande hauteur (fig. 69 à 71), de manière à les écarter de l'axe du champ visuel, et à éviter ainsi l'éblouissement. On se préoccupe, en outre, de réaliser un éclairage moins dispendieux aux heures où la circulation est peu active. Ce résultat est obtenu, dans le cas des armatures avec réflecteur, en constituant le foyer à l'aide d'un « bouquet » de deux ou trois ampoules fonctionnant suivant des horaires différents [2]. Cette solution ne peut être admise avec les réfracteurs qui comportent l'utilisation d'une source lumineuse assimilable à une source ponctuelle. L'éclairage de fin de nuit est assuré, dans ce cas, par les appareils à gaz de secours qu'il est de règle de maintenir dans les voies pourvues de l'éclairage électrique. On envisage également l'utilisation, tant avec les réfracteurs qu'avec les réflecteurs, d'ampoules à deux filaments de puis-

---

1. Chaque foyer est constitué tantôt par une ampoule unique, de 600, 1 000, 1 500, 2 000 ou 3 000 bougies nominales (désignation commerciale), tantôt par un bouquet de deux ou trois ampoules de 400, 600, 1 000 ou 1 500 bougies nominales.

2. La distribution du flux n'est alors plus la même dans tous les azimuts : la répartition des éclairements demeure cependant acceptable, lorsque le bouquet est placé à bonne hauteur.

Fig. 69. — Candélabre modèle E (hauteur : 5 m. 20) avec armature à réflecteur.

MONTAGE DES LAMPES

DISPOSITIF D'ALLUMAGE EN CASCADE

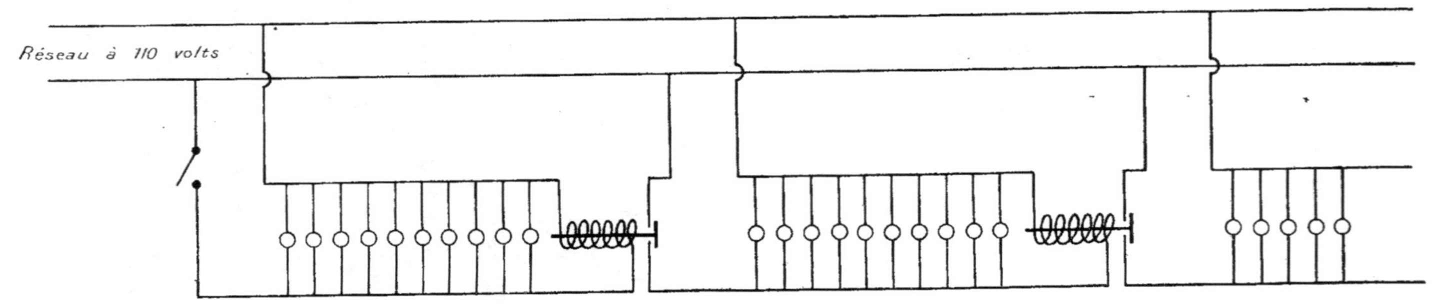

Fig. 72. — Dispositif d'allumage en cascade.

sance lumineuse inégale, et fonctionnant suivant des horaires diffé
rents.

Les foyers à lampes à atmosphère gazeuse sont généralement

Fig. 70. — Candélabre modèle B (hauteur : 6 m. 20) avec réfracteur.

alimentés en dérivation à la tension de 110-115 volts [1], à l'aide de
circuits spéciaux à deux ponts greffés directement sur le réseau,

1. Et plus rarement à 60 volts ou à 220 volts. On n'a pas recouru jusqu'à ce jour
à l'alimentation en série avec lampes à bas voltage, qui est d'un emploi fréquent
aux Etats-Unis. On se propose de l'expérimenter dans une voie actuellement pourvue de l'éclairage par arcs et dans laquelle il y aurait intérêt à tirer parti des canalisations existantes.

Fig. 71.

Fig. 73. — Éclairage par lampe à incandescence (place Voltaire).

dans les régions canalisées en basse tension, ou commandés par un poste de transformation dans les zones desservies en courant alternatif à 3.000 volts. Chaque circuit commande une dizaine de foyers avec une chute de tension maxima de 4 volts par pont. Le type de câble armé utilisé est à 5 conducteurs de sections inégales, dont un neutre. Deux des conducteurs actifs servent à l'alimentation des lampes fonctionnant en service permanent ; les deux autres servent aux lampes variables [1].

En vue de réaliser la simultanéité des opérations d'allumage et d'extinction dans toute l'étendue d'une même voie et réduire en même temps les dépenses de main-d'œuvre, on utilise un dispositif de contrôle en « cascade » (fig. 72), l'ouverture ou la fermeture d'un circuit entraînant automatiquement la manœuvre du disjoncteur commandant le circuit qui lui fait suite. Lorsque tous les circuits sont issus d'un poste de transformation spécialement affecté à l'éclairage public, les opérations d'allumage et d'extinction sont commandées de ce poste.

L'éclairage par lampes à atmosphère gazeuse est en voie de développement rapide [2], les premières applications qui en ont été réalisées ayant permis d'en apprécier les qualités tant au point de vue de la facilité d'entretien et de la régularité de fonctionnement des appareils que de la parfaite stabilité de la lumière émise et de sa tonalité agréable. Les installations actuellement en service (fig. 73) ne comportent pas d'effets d'illumination excessifs, qui seraient déplacés dans les localités desservies. La lampe à incandescence se prêtera d'ailleurs, lorsqu'il sera nécessaire, à la réalisation de très brillants éclairages, ainsi qu'on pourra s'en rendre compte, à brève échéance, dans quelques-unes des grandes artères des quartiers du Centre [3].

---

1. Ce mode d'alimentation sera utilisé sans modification pour les foyers qui comporteront des lampes à deux filaments.

2. Le nombre des foyers à incandescence en service est actuellement de quelques centaines ; il dépassera 1 000 à la fin de 1923.

3. Notamment rue Royale, où l'éclairement moyen obtenu sera de 18 lux.

PRIX DE REVIENT DES DIVERS MODES D'ÉCLAIRAGE

On rapporte habituellement le coût d'un éclairage à l'intensité lumineuse utile, c'est-à-dire, dans le cas de l'éclairage public, à l'intensité moyenne sub-horizontale[1]. Le tableau ci-contre fait ressortir le montant de la dépense de fonctionnement[2], par bougie-heure utile, des divers types de foyers utilisés pour l'éclairage public.

AGENT ÉCLAIRANT	TYPE de foyer.	HAUTEUR du point lumineux.	DÉBIT horaire (gaz). Puissance (en watts) (électricité).	INTENSITÉ subhorizontale moyenne I (en bougies)	DÉPENSE par bougie-heure.
Gaz basse pression	Bec papillon	3ᵐ 20	140 l/h.	10	0,013
Id.	Bec à incandescence droit.	3ᵐ 20	80 l/h.	45	0,00233
Id.	Lampe à 5 manchons renversés.	3ᵐ 50	5×50 l/h.	245	0,00085
Gaz surpressé. .	Lampe à 3 manchons.	5ᵐ 70	3×400 l/h.	1.770	0,000452
Electricité (courant continu) .	Arc en vase clos, 10 ampères.	5ᵐ 10	550 w.	1.650	0,000242
Electricité (courant alternatif)	Id.	5ᵐ 10	400 w.	1.200	0,000304
Electricité . .	Unilampe 775 watts.	5ᵐ 50	775 w.	»	0,000426

N. B. — Prix du mètre cube de gaz: 0,55 fr.
Prix du kilowatt-heure : 0,522 fr.

La comparaison des chiffres de ce tableau accuse nettement la supériorité des sources lumineuses puissantes, sous le rapport de l'économie. Des trois modes d'éclairage intensif en présence, l'arc en vase clos est le moins onéreux, notamment dans le cas de l'alimentation en courant continu. Le gaz surpressé et l'éclairage électrique à incandescence se trouvent à peu près à égalité, lorsque le prix

1. Ou, ce qui revient au même, au flux sub-horizontal, dont dépend la valeur de l'éclairement moyen au sol qui donne la mesure de l'effet utile d'un éclairage.

2. Prix du gaz ou du courant consommé, remplacement des manchons, charbons ou ampoules. Nettoyage et entretien du candélabre.

du mètre cube de gaz diffère peu de celui du kilowatt-heure. Le choix du mode d'éclairage intensif à adopter résulte donc, le plus souvent, de la comparaison des dépenses de premier établissement des deux systèmes, ou de considérations étrangères à la technique (réalisation d'un éclairage homogène dans les voies faisant partie d'un même groupement géographique, etc...). On constate d'ailleurs, d'une manière générale, que les frais de premier établissement sont sensiblement les mêmes dans les deux cas, à égalité de longueur de canalisations à établir. On s'abstient donc, autant que possible, d'installer l'éclairage au gaz surpressé dans des localités éloignées du réseau de conduites à haute pression existant, l'emploi de l'éclairage électrique étant alors tout indiqué.

DÉPENSES DU SERVICE

L'introduction d'appareils de plus en plus perfectionnés a été accompagnée, le plus souvent, de renforcements notables de l'éclairage des voies publiques. Aussi, les dépenses du service n'ont-elles cessé de s'accroître (fig. 74), passant d'un peu plus de 5 millions de francs au moment de l'apogée de l'éclairage par appareils à gaz à flamme libre (1890), à près de 8 millions en 1913, et cela en dépit de la généralisation de l'éclairage par incandescence, dont la consommation spécifique était six fois moindre.

Le renchérissement du prix du gaz, du courant électrique, des fournitures et de la main-d'œuvre, a eu pour conséquence un relèvement très notable des dépenses de l'éclairage public, après la suppression des restrictions imposées par la guerre. Le total de ces dépenses a dépassé 29 millions de francs au cours de l'année 1922 ; ce chiffre se décompose comme suit :

Éclairage divisionnaire au gaz basse pression (non compris les dépenses de fonctionnement de l'éclairage de fin de nuit dans les voies éclairées à l'électricité)	19.127.259 fr. 18
Éclairage intensif { par l'électricité (y compris les dépenses de fonctionnement de l'éclairage de fin de nuit au gaz) et par le gaz surpressé.	9.764.391 fr. 36
Éclairage des parcs et promenades	356.735 fr. 86
Total	29.248.386 fr. 40

Si l'on envisage seulement l'éclairage des voies publiques pro-

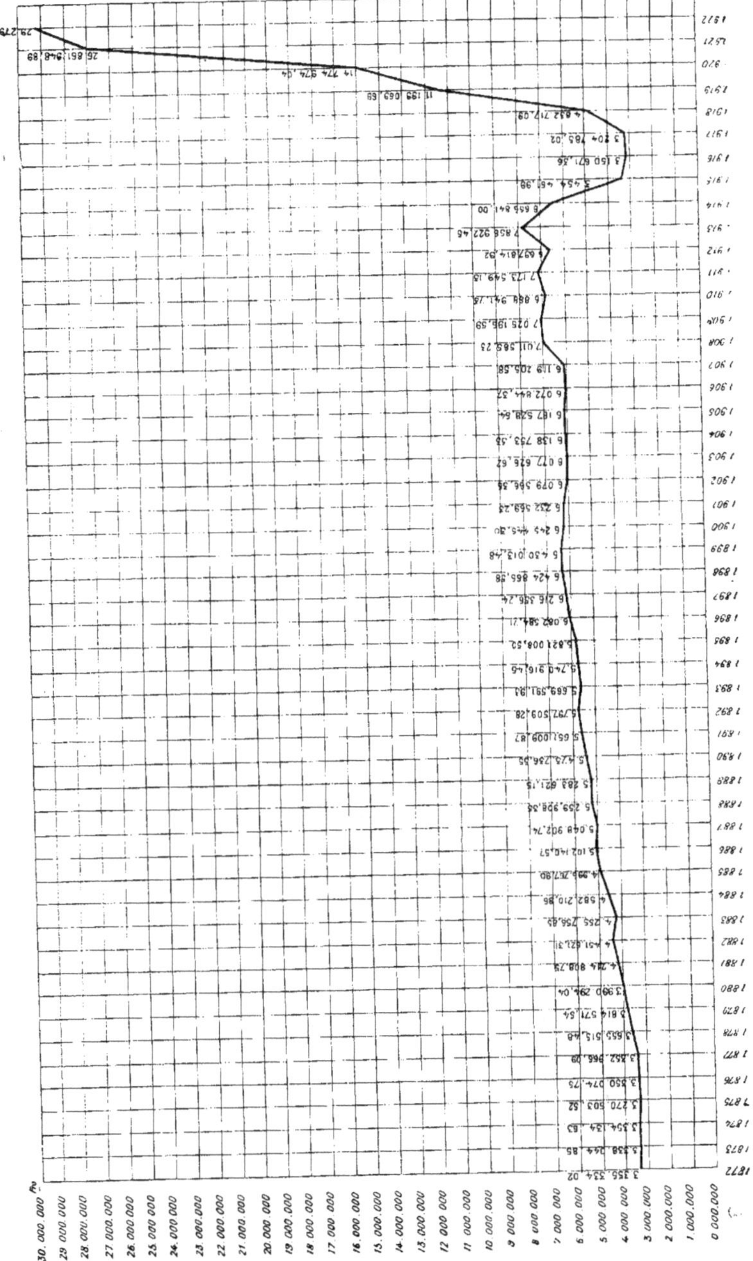

Fig. 74.

prement dites (à l'exclusion des promenades), on constate que les dépenses de fonctionnement de l'éclairage intensif (gaz comprimé, électricité...) représentent le tiers des dépenses globales du service, alors que les deux modes d'éclairage classés sous cette rubrique n'intéressaient, en 1922, que 3 millions de mètres carrés de voies publiques, soit 17 p. 100 seulement de la superficie totale des rues de Paris.

Quelque dispendieux qu'il soit — tant au point de vue du coût d'exploitation que des dépenses de premier établissement [1] —, l'éclairage intensif a, depuis deux ans, repris l'essor que la guerre avait interrompu. Quelques chiffres permettront d'apprécier l'importance de l'effort qui se poursuit actuellement. Après l'achèvement du Plan de Campagne de 1923, la superficie des voies publiques dotées de l'éclairage intensif dépassera 5 millions de mètres carrés ; elle atteignait seulement 2.300.000 mètres carrés au début de 1921. Le nombre des foyers intensifs aura plus que doublé dans le même délai. Le détail de ces accroissements est donné dans le tableau ci-contre.

CONCLUSION

On a critiqué parfois le caractère trop fastueux de l'éclairage de certaines grandes artères parisiennes. Peut-être, en effet, s'est-on laissé aller, aux temps faciles de l'avant-guerre, à concentrer sur deux ou trois points de la Capitale, un luminaire un peu trop abondant. Des excès de ce genre étaient excusables dans une ville qui s'était toujours tenue, en matière d'éclairage, à l'avant-garde du progrès et qui avait la coquetterie de mériter son surnom de Ville-Lumière, dans l'ordre matériel comme dans l'ordre intellectuel. Ces prodigalités ont d'ailleurs pris fin et les transformations qui se poursuivent actuellement n'ont pour objet que d'adapter l'éclairage de nos rues aux conditions nouvelles de l'activité urbaine.

On s'est plaint, de tout temps, à Paris, des embarras de la circulation et des dangers de la rue ; il n'est pas douteux, cependant, que la situation ne se soit singulièrement aggravée au cours des vingt dernières années, à ce double point de vue. A l'élément d'in-

---

1. Environ 5 000 francs par appareil, y compris l'établissement des canalisations.

	SITUATION au 31/12/20		SITUATION au 31/12/23		AUGMEN-TATION (en p. 100).
	Voies publiques.	Parcs et promenades.	Voies publiques.	Parcs et promenades.	
Nombre de foyers à gaz comprimé en service .	2.143	0	5.500	1	
	2.143		5.501		157
Consommation annuelle globale en (mèt. cubes.)	6.633.534		14.808.143		123
Nombre de foyers électriques à arcs en service.	1.834	666	1.828	664	
	2.500		2.492		— 0,3
Consommation annuelle globale (en kw/h.) . .	3.048.011		3.043.904		— 0,13
Nombre de foyers électriques à lampes à atmosphère gazeuse en service	4 (essai)	2 (essai)	1.428	251	
	6		1.679		»
Consommation annuelle globale (en kw/h.) . .	1.555		2.633.703		»
Total des foyers intensifs en service . . .	3.981	668	8.756	916	
	4.649		9.672		108

sécurité nouveau que constitue le développement de l'automobile et des moyens de transport rapides, l'amélioration de l'éclairage des voies publiques apporte un palliatif indispensable. Les sacrifices financiers qui en sont la rançon ne sont donc pas inutiles, et les dépenses du Service de l'Éclairage ne sauraient être tenues pour somptuaires. Il n'en importe pas moins de les réduire au minimum par la recherche méthodique de solutions judicieusement adaptées à chaque cas particulier, et par l'utilisation rationnelle des ressources variées que nous offre la technique moderne. Ceux d'entre vous qui appartiennent au Service de l'Éclairage connaissent tout l'intérêt que présentent ces études, en même temps que leur caractère ardu. Je suis heureux, en prenant congé de vous, de rendre hommage au concours intelligent et dévoué qu'ils ne m'ont jamais marchandé et qui m'est particulièrement précieux. J'ai retrouvé là les traditions d'ordre, de méthode et de conscience professionnelle que vos prédécesseurs ont maintenues dans ce Service, depuis un demi-siècle, et qui font l'honneur et la force de votre corps.

TABLE DES MATIÈRES

I

HISTORIQUE SOMMAIRE DE L'ÉCLAIRAGE PUBLIC A PARIS DES ORIGINES A LA FIN DU XIXᵉ SIÈCLE

II

APPLICATION DES PRINCIPES DE LA PHOTOMÉTRIE A L'ÉTUDE DU PROBLÈME DE L'ÉCLAIRAGE DES VOIES PUBLIQUES

III

L'ÉCLAIRAGE PUBLIC AU DÉBUT DU XXᵉ SIÈCLE

ÉVREUX, IMPRIMERIE CH. HÉRISSEY. 786

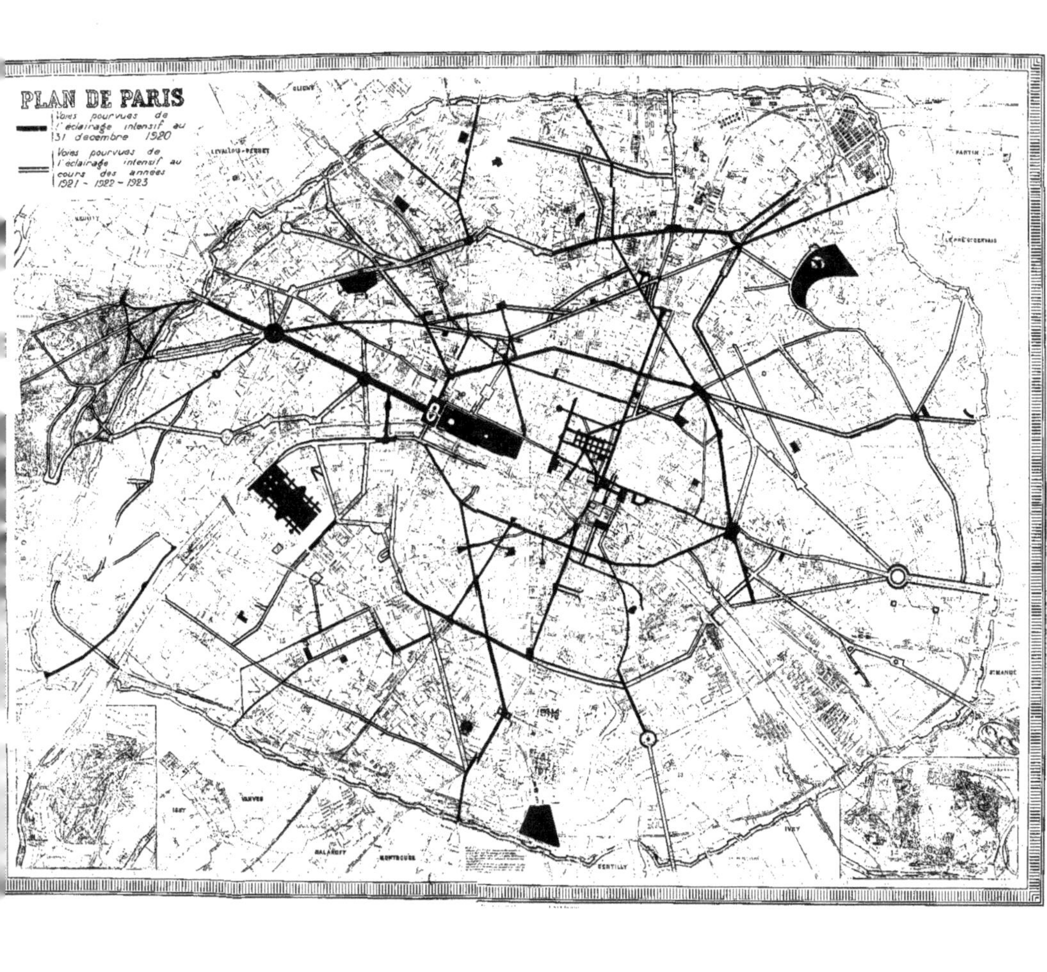

PLAN DE PARIS
Voies pourvues de l'éclairage intensif au 31 décembre 1920
Voies pourvues de l'éclairage intensif au cours des années 1921 - 1922 - 1923
CLICHY
LEVALLOIS-PERRET
NEUILLY
LE PRÉ-ST-GERVAIS
PANTIN
ST-MANDÉ
IVRY
ISSY
VANVES
MALAKOFF
MONTROUGE
GENTILLY

Becq. — **Cours élémentaire d'électricité théorique et industrielle*.**

Livre I. — Électricité théorique. Machines électriques (18e édition, 361 pages, 167 figures).
Prix. **24 fr.**

Livre II. — Applications industrielles de l'électricité (18e édition, 288 pages, 119 figures et 18 planches hors texte).
Prix. **20 fr.**

Iliovici. — **Cours moyen d'électricité industrielle*.**

Livre I. — Électricité théorique. Dynamos et moteurs à courant continu (9e édition, 286 pages, 311 figures).
Prix. **24 fr.**

Livre II. — Dynamos et moteurs à courants alternatifs. Transformateurs. Applications industrielles de l'électricité (8e édition, 241 pages, 167 figures).
Prix. **24 fr.**

— **Cours supérieur d'électrotechnique.**

Livre I. — Lois générales de l'électricité et du magnétisme (482 pages, 248 figures).
Prix. **36 fr.**

Eug. Vigneron. — **Cours de mesures électriques et essais de machines.**

Livre I. — Essais de laboratoire. Description des méthodes et des appareils (5e édition, 551 pages, 416 figures).
Prix. **30 fr.**

Livre II. — Essais de machines (613 pages, 312 figures).
Prix. **35 fr.**

René Martin. — **Traction électrique** (3e édition, 872 pages, 595 figures et 55 planches hors texte).
Prix. **70 fr.**

MÉTALLURGIE.
FABRICATIONS MÉCANIQUES.
EXPLOITATION DES MINES

Général Gages. — **Cours de Métallurgie** (2e édition).

Livre I. — La fonte (354 pages, 115 figures).
Prix. **24 fr.**

Livre II. — Elaboration des fers et des aciers (351 pages, 126 figures).
Prix. **24 fr.**

Livre III. — Travail du fer et de l'acier (431 pages, 389 figures).
Prix. **30 fr.**

Livre IV. — Essais mécaniques des fers et des aciers (320 pages, 157 figures).
Prix. **30 fr.**

Livre V. — Métallurgie des alliages métalliques et des métaux autres que le fer (432 pages, 128 figures).
Prix. **24 fr.**

Les 5 volumes ensemble :
Prix. **120 fr.**

— **Cours de machines-outils*.**

Livre I. — La machine. L'outil et les mécanismes (484 pages, 506 figures).
Prix. **30 fr.**

Livre II. — Etude de détail des différents types de machines (664 pages, 771 figures).
Prix. **40 fr.**

— **Cours d'organisation des fabrications mécaniques*.**

Livre I. — Services de préparation (outillage, précision, machines) 480 pages, 401 figures.
Prix. **30 fr.**

Livre II. — Montage et exécution des fabrications mécaniques (490 pages, 300 figures).
Prix. **30 fr.**

— **Standardisation** (319 pages, 300 figures).
Prix. **30 fr.**

Gruner. — **Cours d'exploitation des Mines** (3e édition).

Livre I. — Préliminaires. Recherches et Sondages. Abatage (420 pages, 282 figures).
Prix. **25 fr.**

Livre II. — Soutènement des chantiers et galeries. Fonçage et soutènement des puits (362 pages, 247 figures.)
Prix. **25 fr.**

Livre III. — Méthodes d'exploitation en carrière et souterraine (330 pages, 201 figures).
Prix. **25 fr.**

Livre IV. — Transports souterrains. Extraction (306 pages, 160 figures).
Prix. **25 fr.**

Livre V. — Epuisements. Aérage et éclairage (343 pages, 170 figures).
Prix. **25 fr.**

Livre VI. — Accidents. Préparations mécaniques. Renseignements économiques. Règlements. (*en impression.*)

HYDRAULIQUE ET FORCES
HYDRAULIQUES. HOUILLE BLANCHE

Cauvin-Lévy-Salvador. — **Distributions d'eau. Egouts*** (464 pages, 304 figures, 16 planches).
Prix. **30 fr.**

Diénert. — **Epuration des eaux et assainissement des cours d'eau*** (2e édition, 391 pages, 66 figures, 3 planches).
Prix. **24 fr.**

Lévy-Salvador-Cauvin. — **Aménagement des chutes d'eau. Utilisation de la houille blanche*** (6e édition, 418 pages, 170 figures dont 16 planches hors texte).
Prix. **30 fr.**

Bonnet. — **Cours de barrages** (2e édition, 635 pages, 346 figures et 2 planches).
Prix. **36 fr.**

Degove. — **Les grands barrages en maçonnerie aux Etats-Unis** (1 volume in-f° tellière 21 × 31 de 95 pages et 46 planches hors texte).
Prix. **24 fr.**

TRAVAUX MARITIMES (5e Édition)

Bénézit. — **Cours de Ports et travaux maritimes.**

Livre I. — Notions générales. Outillage et exploitation. Etude du plan d'un port (342 pages, 180 figures dont 10 planches hors texte).
Prix. **24 fr.**

Livre II. — Ouvrages des ports (388 pages, 236 figures).
Prix. **24 fr.**

Livre III. — Côtes. Fleuves et Canaux maritimes. Outillage. Administration (307 pages, 174 figures).
Prix. **24 fr.**

Haelling. — **Le Rhin politique, économique, commercial** (296 pages, 3 figures et 11 cartes en hors texte).

Envoi gratuit sur demande du Catalogue général.

TOPOGRAPHIE

PRÉVOT-QUANON. — **Topométrie*** (19e édition, 456 pages, 147 figures).
Prix. 20 fr.

CHOLESKY. — **Topographie générale*** (3e édition, 594 pages, 100 figures, 10 planches).
Prix. 24 fr.

DOUAT. — **Opérations souterraines*** (7e édition, 50 pages, 39 figures).
Prix. 4 fr.

PRÉVOT. — **Cours de tachéométrie*** (5e édition, 192 pages, 124 figures, 2 planches).
Prix. 24 fr.

QUANON. — **Dessin des plans*** (15e édition, 96 pages, 33 figures, 11 planches hors texte.
Prix. 10 fr.

PRÉVOT. — **Etude critique des instruments et des procédés topométriques** (91 pages, 25 figures).
Prix. 6 fr.

RENÉ DANGER. — **Cours de topométrie urbaine. Lever des plans de ville** (1 volume in-f° tellière 21 × 31 de 216 pages, 63 figures et 25 graphiques).
Prix. 60 fr.

PH. JARRE. — **Cours de Géodésie** (1 volume, in-f° tellière 21 × 31 de 118 pages, 44 figures).
Prix. 24 fr.

— **La Tachéométrie de précision*** (*Méthode J.-L. Sanguet*). Traité théorique et pratique concernant le lever des plans exécutés au moyen du tachéomètre autoréducteur Sanguet, (250 pages, 75 figures, 11 tableaux et 5 planches hors texte).
Prix. 30 fr.

JOYANT. — **Traité d'Urbanisme** (2 volumes in-f° tellière 21 × 31).
1er volume (196 pages et 316 figures sur 99 planches hors texte).
Prix. 60 fr.
2e volume-Etude des plans de ville (112 pages et 81 planches hors texte).
Prix. 40 fr.

TRAVAUX PUBLICS EN GÉNÉRAL

EYROLLES-LUDINART. — **Cours moyen de pratique des travaux*.**
1re PARTIE. Matériaux de construction (147 pages, 95 figures).
Prix. 12 fr.
2e PARTIE. Préparation et mise en œuvre des matériaux (153 pages, 303 figures).
Prix. 12 fr.
3e PARTIE. Procédés généraux de construction (258 pages, 296 figures).
Prix. 15 fr.
4e PARTIE. Outillage général des chantiers de travaux publics (230 pages, 183 figures, 20 planches).
Prix. 15 fr.

ANSTETT. — **Cours d'analyse et essai des matériaux de construction*** (235 pages, 32 figures).
Prix. 18 fr.

GRENÉ-MALAVAL. — **Cours de matériel d'Entreprises de travaux publics et installation de chantiers*.**

LIVRE I. — Outillage général (367 pages, 362 figures).
Prix. 30 fr.
LIVRE II. — Gros outillage (328 pages, 96 figures et 29 planches.
Prix. 30 fr.
LIVRE III. — Installation de chantiers (*en impression*).

CHEMINS DE FER

DAUTRY-GERVET. — **Cours de chemins de fer*.**
1re PARTIE. — Etudes et travaux d'infrastructure (126 pages, 85 figures et 5 planches).
Prix. 8 fr.
2e PARTIE. — Matériel fixe de la voie (202 pages, 175 figures, 1 planche).
Prix. 10 fr.
3e PARTIE. — Superstructure et entretien de la voie et des bâtiments (198 pages, 97 figures, 4 planches).
Prix. 12 fr.
4e PARTIE. — Matériel roulant et traction des trains (177 pages, 86 figures, 7 planches).
Prix. 12 fr.
5e PARTIE. Exploitation technique (159 pages, 39 figures).
Prix. 10 fr.

LEBOUCQ. — 6e PARTIE. — Exploitation commerciale (280 pages).
Prix. 15 fr.

ALBERT DUFOUR. — **Cours de chemins de fer. Pratique des études et de la construction plus spécialement aux colonies et en pays neufs** (format 22 × 34).
Le volume texte de 392 pages, 270 figures.
Atlas n° 1 : 48 tableaux, 43 planches.
Atlas n° 2 : 154 planches.
Prix cartonné. 165 fr.

RICHARD BLOCH. — **Questions de chemins de fer. Etudes commerciales** (218 pages, 9 figures).
Prix. 7 fr.

ALLEGRET. — **Notice sur les enclenchements*** (81 pages, 22 figures, 13 planches).
Prix. 6 fr.

LÉVY-LAMBERT. — **Chemins de fer à crémaillère, funiculaires et transports aériens** (125 pages, 86 figures).
Prix. 9 fr.

DROIT. LÉGISLATION

GEORGIN. — **Notions élémentaires de droit civil** (660 pages).
Prix. 30 fr.

MASSÉ-BOVIER-LAPIERRE. — **Législation du travail et prévoyance sociale** (477 pages).
Prix. 24 fr.

GEORGIN. — **Cours de droit administratif.**
LIVRE I. — Organisation générale des services publics (169 pages et annexe de 124 pages).
Prix. 12 fr.
LIVRE II. — Fonctionnement de quelques services publics (228 pages).
Prix. 12 fr.

— **Commentaires des clauses et conditions générales imposées aux entrepreneurs** (228 pages).
Prix. 12 fr.

DANIEL MASSÉ. — **Droit commercial et introduction à la pratique des affaires** (218 pages).
Prix. 15 fr.

Les ouvrages suivis du signe * sont du format in-4 tellière (17 × 22). Les autres ouvrages sont édités en format in-8 raisin (16 × 25).